本书是2023年海南省教育厅教改项目，编号：Hnjg2023-58系列成果。

数字智能化时代高校英语教育改革与创新研究

陈明辉 / 著

九 州 出 版 社
JIUZHOUPRESS

图书在版编目（CIP）数据

数字智能化时代高校英语教育改革与创新研究 / 陈明辉著 . -- 北京 : 九州出版社 , 2024.5

ISBN 978-7-5225-2949-3

Ⅰ . ①数… Ⅱ . ①陈… Ⅲ . ①英语－教学改革－研究－高等学校 Ⅳ . ① H319.1

中国国家版本馆 CIP 数据核字（2024）第 103540 号

数字智能化时代高校英语教育改革与创新研究

作　　者　陈明辉　著

责任编辑　周红斌

出版发行　九州出版社

地　　址　北京市西城区阜外大街甲 35 号（100037）

发行电话　（010）68992190/3/5/6

网　　址　www.jiuzhoupress.com

印　　刷　北京亚吉飞数码科技有限公司

开　　本　710 毫米 × 1000 毫米　16 开

印　　张　15.25

字　　数　242 千字

版　　次　2025 年 1 月第 1 版

印　　次　2025 年 1 月第 1 次印刷

书　　号　ISBN 978-7-5225-2949-3

定　　价　92.00 元

前言

　　数字智能化时代,5G 技术、云计算、大数据等现代信息技术激活了高校教育现代化改革的新动能,技术与教育的双向赋能颠覆了大学英语的教学模式,高校英语教学正从传统的知识传授模式转变为高阶型智慧学习模式。在新的时代背景下,高校英语教育中应当积极融入互联网新思维,将现代信息技术作为关键性教学工具进行顶层规划和教学设计,从而实现大学生英语能力提升与互联网思维的培养、数字智能技术的普及运用及高校教育的现代化改革三者的有机统一。

　　英语是我国教育体系中的基础性学科,各类英语教材、学习资源琳琅满目。尽管如此,高校英语教学依然面临严峻挑战,既无法完全满足当前英语教师的教学需求,又难以充分适应学生的学习需要。数字时代人工智能浪潮的日益高涨对英语教学产生了一定的冲击和影响,以智能技术和数字技术为依托的智能英语学习系统、智慧教育教学平台也是百花齐放,这无疑给英语教育带来了勃勃生机,也成为引领我国新一轮英语教学变革的重要驱动力。因此,本书将主要研究数字智能化时代的高校英语教育,从而更好地适应时代需求,进一步深化数字时代人工智能在英语教学中的应用。

　　本书共有八章。第一章作为全书开篇,介绍了数字化时代的概念、人工智能的发展、数字智能化时代高校英语教育的转型与发展。第二章探讨了数字智能化时代高校英语教育的理念革新,包括自主学习理念、深度学习理念、移动学习理念、体验学习理念。第三章探讨了数字智能化时代高校英语教育的模式创新,包括高校英语多模态教学、高校英语慕课与微课教学、高校英语混合式教学、高校英语翻转课堂教学。第四章探讨了数字智能化时代高校英语教育的方法优化,包括高校英语任务教学法(TBLT)、高校英语产出导向法(POA)、高校英语项目式教学法(PBL)、高校英语成果导向教育法(OBE)。第五章研究了数字智能化时代高校英语教育的内容设置,对高校英语词汇与语法教学、高校英语听说教学、高校英语读写译教学、高校英语跨文化教学等方面的改革及创新展开论述。第六章至第八章分别研究了数字智能化时代高校英语教育的教师发展、评价改革、发展趋势。

本书基于数字智能化的大背景,对高校英语教学体系进行了研究,从实用角度出发,并结合当前高校英语教学的特点,探究了如何利用人工智能技术服务于高校英语教学。在内容上,本书做到了理论与实践的结合,内容翔实,有理有据,容易被读者接受,书中提出的改革与创新方法思路清晰,具有可行性,对于读者而言具有较高的学习价值。

本书在撰写的过程中参阅了大量有关高校英语教育改革的书籍和期刊文献,同时为了保证论述的全面性与合理性,本书也引用了许多专家、学者的观点。由于作者水平有限,加之时间仓促,书中难免存在疏漏之处,恳请广大读者批评指正。

目录

第一章

数字智能化与高校英语教育

数字智能化与高校英语教育之间的关系日益紧密，两者的结合将为英语教学带来更多的机遇和挑战。我们需要不断探索和创新，充分利用数字智能化技术的优势，提高高校英语教育的质量和效率。

第一节　数字化时代解读

　　数字化时代是一个以信息和技术为核心的时代,它标志着人类社会从传统的物理世界向数字世界的转变。在这个时代,信息的生成、传播、处理和利用都以数字化的形式进行,这使得信息的传播更快、更广泛,同时也带来了许多新的机遇和挑战。人们可以通过互联网进行购物、学习、工作、社交等活动,这使得人们的生活更加便捷和高效。同时,数字化时代也带来了许多新的技术,如人工智能、大数据、云计算等,这些技术正在改变着人们的工作和生活方式。传统的黑板、粉笔和教科书教学方法正逐渐被基于多媒体的数字化教学方式所替代。相较于传统教学,数字化教学拥有海量的教学资源,能够解决资源不足和质量不均的问题。此外,依托于快速发展的互联网平台,数字化教学可以实现教学资源的实时更新,有效消除地域性教学差异。因此,数字化教学已成为教育现代化的重要趋势。

　　在数字智能化时代,高校英语教育正在经历一场深刻的变革。数字智能化技术为高校英语教育提供了丰富的资源和工具。通过数字化技术,教师可以将文字、图片、音频、视频等多种媒体形式结合起来,丰富教学内容,提高学生的学习兴趣和参与度。例如,教师可以利用PPT、视频、音频等多媒体资料来讲解语言知识和文化背景,使学生更加直观地了解和掌握相关知识。同时,数字智能技术为高校英语教育带来了个性化的教学和学习模式。借助大数据分析,教师能够根据学生的个性化需求和学习风格,提供定制化的教学内容和学习方式,以更好地满足学生的学习需求。此外,学生可以根据自己的兴趣和时间安排,选择最适合自己的学习方式和进度。此外,数字智能化技术还为高校英语教育提供了在线交流和合作工具,例如,在线讨论、协作编辑、视频会议等工具可以帮助学生进行互动和合作,提高学习效果和学习成果。

　　然而,在享受数字化带来的便利的同时,也要面对数字化时代带来的挑战。首先,信息过载问题越来越严重。在数字化时代,人们可以轻易地获取大量的信息,但如何筛选和利用这些信息成了一个难题。其次,网络安全问题也越来越突出。随着互联网的普及,网络安全方面的问题和隐患也越来越严重,如何保护个人隐私和数据安全成了一个重要的问题。

第二节　人工智能的发展

人工智能(Artificial Intelligence,AI)是一种涉及多个学科的交叉学科,其目的是研究和开发能够模拟、延伸和扩展人类智能的理论、方法、技术及应用系统。人工智能领域的研究涵盖了机器人、语言识别、图像识别、自然语言处理、专家系统等多个方面,其本质是模拟人类的思考、认知和决策过程。人工智能的研究包括多个方面,其中最重要的是机器学习和深度学习。机器学习是一种通过让机器从数据中学习规律和模式,从而完成特定任务的方法。深度学习则是一种基于神经网络的机器学习方法,通过模拟人类神经系统的运作方式,使机器能够自主地学习和理解数据。人工智能的实现需要大量的数据和算力支持。随着数据量的不断增加和计算机性能的不断提升,人工智能的应用范围也在不断扩大。如今,人工智能已经被广泛应用于各个领域,如自然语言处理、智能推荐、自动驾驶、医疗诊断等。人工智能的发展也引发了一些伦理和社会问题。例如,随着人工智能的普及,很多人可能会失去工作机会,因为机器可以代替人类完成许多任务。此外,人工智能的决策过程可能存在不透明和不公正等问题,这可能会导致一些人受到不公平的待遇。未来,随着技术的不断进步和应用场景的不断扩大,人工智能将会在更多领域得到应用和发展。

一、人工智能的起源与发展

人工智能的起源可以追溯到 17 世纪的帕斯卡和莱布尼茨,他们提出了构建智能化的机器的想法。然而,人工智能的发展并不是一帆风顺的,由于消解法推理能力的有限,以及机器翻译等的失败,人工智能在20世纪50年代曾走入低谷。然而,随着专家系统的出现,人工智能研究出现了新的高潮。专家系统是一种能够运用人类专家的知识和经验来解决特定领域中的复杂问题的智能系统,它们的出现和应用极大地推动了人工智能的发展。进入20世纪80年代,随着第五代计算机的研制,人工智能得到了很大的发展。第五代计算机是一种全新的计算机系统,它能够模拟人类的智能行为,并具有推理、联想、学习和解释等功能。同时,人工智能的应用领域也在不断扩大,包括自然语言处理、机器学习、图像识别、智能控制等多个领域。

人工智能的发展可以大致分为六个阶段:AI诞生、AI黄金年代、AI第一次低谷、AI再次繁荣、AI第二次低谷和AI开始摸索性应用。在人工智能的发展过程中,出现了许多新的应用技术,包括机器学习、计算机视觉、知识工程、自然语言处理、语音识别、计算机图形学、多媒体技术、人机交互技术、机器人、数据库技术、可视化技术、数据挖掘、信息检索与推荐等。其中,机器学习是人工智能的重要分支,它研究如何通过使用算法来让计算机从数据中学习,然后利用经验来改善自身的性能。机器学习技术的应用范围非常广泛,包括语音识别、图像识别、自然语言处理、推荐系统等。随着人工智能技术的不断发展,其应用领域也在不断扩展。目前,人工智能已经应用于许多领域,如无人驾驶汽车、智能家居、医疗诊断、金融风控等。同时,人工智能也在不断探索新的应用场景,如智能制造、智能农业等。

人工智能已成为当前全球最热门的技术领域之一,其发展历程不断推动着新技术的探索和创新,同时应用领域也在持续扩大。从国家到企业层面,各方都在积极进行人工智能技术的研发和应用推广。随着技术进步和应用领域的拓展,人工智能将在未来发挥更加重要的作用,带来更多的机遇和挑战,推动人类社会的发展。在未来的发展中,人工智能将继续朝着应用导向型和技术导向型两个方向发展。应用导向型将更加注重将人工智能技术应用于各个领域,提高生产效率和生活质量,而技术导向型则更侧重于人工智能技术的理论研究和算法优化。

二、人工智能在英语教育领域的应用

人工智能在英语教育领域的应用正在逐渐增加,它为英语教学提供了丰富的资源和工具,能够帮助教师更好地教学,从而使学生更有效地学习。未来随着技术的不断进步和应用场景的不断扩大,人工智能在英语教育领域的应用将会更加广泛和深入。以下是一些人工智能在英语教育领域的主要应用。

（一）自适应教育

自适应教育是人工智能在教育领域的应用之一,即通过分析学生的学习数据和行为,了解每个学生的学习特点和需求,并提供个性化的学习路径和教学资源。这种模式可提高学习效果和兴趣,未来将扩展到其他学科领域,并与在线教育、混合式学习等模式相结合,为学生提供灵活多样的学习方式。同时,自适应教育将加强数据保护和隐私安全措施,确保学生的学习数据和个人信息得到充分保护。总之,自适应教育将成为教育领域数字化转型的重要组成部分,从而推动教育公平和提高教育质量。

（二）智能辅助教学

人工智能在英语教学中的应用,尤其是语音识别和自然语言处理技术的应用,为教师提供了强大的辅助工具,能够帮助他们更好地理解学生的口语和写作能力。语音识别技术可以将学生的口语转化为文字,帮助教师更准确地评估学生的口语能力。在英语教学中,口语能力是非常重要的一部分,但传统的评估方式往往依赖于人工评分,效率低下且容易出错。通过语音识别技术,教师可以快速、准确地获取学生的口语表现,从而为学生提供更准确的反馈和指导。自然语言处理技术可以分析和理解学生的文本,帮助教师更深入地了解学生的写作能力和表达能力。在英语教学中,写作是一个重要的技能,但学生的写作往往存在语法错误、词汇不足等问题。通过自然语言处理技术,教师可以快速分析学生的文本,找出其中的问题,并提供针对性的建议和指导,从而帮助学生提高写作能力。这些工具的应用不仅提高了教师的工作效率,也提高了评估的准确性和公正性。同时,它们也为教师提供了更多的数据支持,能够帮助教师更好地了解学生的学习情况和需求,从而使教师能够为学生提供更个性化的教学方案。

(三)机器学习平台

机器学习平台是一种利用人工智能技术来提供学习支持的方式。它可以为学生提供大量的学习资源和在线课程,同时也可以根据学生的学习情况和需求,提供更加个性化的学习建议和指导。机器学习平台通过分析学生的学习历史、兴趣、能力等因素,为学生推荐适合他们的学习资源。这些资源包括在线课程、电子书、实验教程、案例分析等,以满足不同学生的需求。未来随着技术的不断进步和应用场景的不断扩大,机器学习平台将在教育领域发挥更加重要的作用。

(四)智能评估和反馈

智能评估和反馈是人工智能在教育领域的重要应用之一。通过利用人工智能技术,教育机构可以实现对大量学生作业的自动评估和反馈,从而提高评估的准确性和公正性,减轻教师的评估负担。人工智能可以通过对大量学生作业进行分析和学习,自动评估学生的作业成绩。这可以大大减轻教师的评估负担,提高评估效率。同时,由于人工智能的评估是基于大数据分析和机器学习算法,因此可以避免人为因素对评估结果的影响,提高评估的准确性和公正性。除了自动评估作业成绩外,人工智能还可以为学生提供详细的反馈和建议。这些反馈和建议可以帮助学生更好地理解和掌握知识,提高学习效果。同时,教师也可以根据学生的作业情况和反馈,及时调整教学策略和方法,提高教学效果。智能评估和反馈还可以根据学生的学习情况和需求,提供个性化的学习支持。例如,如果某些学生在某个知识点上存在困难,那么人工智能便可以为学生提供针对性的练习和辅导资源,帮助学生更好地掌握该知识点。

此外,智能评估和反馈可以避免人为因素对评估结果的影响,从而促进教育公平。在传统的教学中,由于教师的时间和精力有限,很难对每个学生的作业进行详细的评估和反馈。而通过智能评估和反馈,每个学生都可以得到及时的反馈和建议,从而更好地掌握知识和技能。未来随着技术的不断进步和应用场景的不断扩大,智能评估和反馈将在教育领域发挥更加重要的作用。

（五）智能教育资源

智能教育资源是一种利用人工智能技术来管理和优化教育资源的方式。它可以为学生和教师提供更加便捷、高效的教育资源获取方式,同时也可以根据学生的学习情况和需求,提供更加个性化的学习建议和指导。首先,智能教育资源可以帮助学生和教师更加快速地获取所需的教育资源。传统的教育资源获取方式往往需要学生和教师花费大量的时间和精力去寻找和筛选,而智能教育资源可以通过智能推荐、搜索等功能,快速地为学生和教师提供相关的教育资源,节省他们的时间和精力。其次,智能教育资源可以根据学生的学习情况和需求,提供更加个性化的学习建议和指导。通过分析学生的学习数据和行为,智能教育资源可以了解每个学生的学习特点和需求,然后根据这些信息为学生提供适合他们的学习资源和课程。这种个性化的学习建议和指导可以帮助学生更好地掌握知识,提高学习效果和兴趣。此外,智能教育资源还可以对教育资源进行智能分析和评估,从而为教育机构提供决策支持。通过分析教育资源的利用情况和效果,智能教育资源可以为教育机构提供更加科学、合理的决策依据,帮助他们更好地管理和优化教育资源。

（六）智能实验室和模拟器

智能英语实验室是一种利用人工智能技术来模拟真实英语语言环境的学习平台。在智能英语实验室中,学生可以通过与智能语音识别技术进行互动,实时纠正发音和语法错误,提高口语和听力能力。模拟器是一种利用人工智能技术来模拟真实英语语言环境的学习平台。它通过模拟真实的考试场景、对话场景、听力练习等,可以为学生提供更加真实、生动的英语学习体验。在模拟器中,学生可以通过模拟考试来检验自己的学习成果,同时也可以通过模拟对话来提高口语和听力能力。

智能英语实验室和模拟器的应用不仅提高了学生的学习效果和兴

趣,同时也为教师提供了更加便捷、高效的教学工具。教师可以通过智能英语实验室和模拟器来评估学生的学习情况和需求,为他们提供更加个性化的学习建议和指导。

（七）智能管理和监控

智能管理和监控在英语教育领域中的应用可以提高教学效率,促进个性化教学,提升教学质量,优化教学资源分配。通过人工智能技术,可以自动排课,根据教师、教室、时间等资源进行最优化的课程安排,提高教学效率。通过监控教师的教学过程,可以评估教师的教学质量,为教师提供反馈和建议,促进教学质量的提升。通过智能化的资源管理,可以合理分配教学资源,确保教学资源的有效利用。通过对学生学习数据的分析,可以了解学生的学习进度、学习风格、兴趣爱好等,为每个学生提供个性化的学习建议和指导。

（八）虚拟教师和助教

虚拟教师和助教可以为学生提供丰富的学习资源和工具,如语音识别、自然语言处理等。学生可以根据自己的学习进展和兴趣选择合适的学习内容,并在学习过程中得到实时反馈和建议。这种自主学习的方式可以提高学生的主动性和积极性。虚拟教师可以通过分析学生的学习数据和行为,了解每个学生的学习特点和需求,然后根据这些信息为学生提供适合他们的学习资源和课程。这种个性化的教学方式可以更好地满足学生的需求,从而提高学生的学习效果和兴趣。虚拟助教可以协助教师进行教学管理,如课程安排、学生评估等。同时,它们也可以提供实时的反馈和建议,帮助教师更好地理解学生的学习情况和需求,从而提供更准确的指导和建议。

第三节　数字智能化时代高校英语教育的转型与发展

　　现代科学技术是推动经济社会发展的关键力量。在我国不同地区间经济发展水平差异大,这要求教育变革和发展必须根据各地的经济发展特点来进行。知识经济时代对创新素质的要求更高,创新成为 21 世纪最重要的要素,这需要各行各业的人员具备创新意识和创新精神。知识经济将使职业变动周期缩短,人们需要具备职业再生能力。同时,人们的生活和工作方式也将发生巨大变化,网络化城市将成为人们生活的基础。我国基础教育改革需要实现转型,构建符合中国国情的、具有中国特色的社会主义教育。数字智能化时代为高校英语教育的转型与发展提供了新的机遇和挑战。高校需要积极应对这一趋势,加强技术研发、培养师资力量、深化校企合作和强化国际合作,推动英语教育的创新发展。

一、高校英语教育转型的必要性

(一)技术驱动

　　随着数字智能化技术的快速发展,如大数据、人工智能、虚拟现实等,这些技术为高校英语教育提供了新的教学工具和手段。大数据技术可以收集和分析大量学生的学习数据,帮助教师更准确地了解学生的学习需求和问题,从而提供更个性化的教学。同时,大数据还可以帮助教师跟踪学生的学习进度,及时调整教学策略。人工智能技术可以辅助教师进行课堂教学,例如自动评分、智能推荐学习资源等。此外,人工智能还可以用于智能辅导,为学生提供实时的学习建议和反馈。虚拟现实技术可以为学生提供沉浸式的学习体验,特别是在语言学习中,可以通过模拟真实的语言环境,帮助学生更好地理解和使用语言。

当然,数字智能化技术在带来便利的同时也提出了新的挑战和要求。数字智能化技术的更新速度非常快,高校英语教育需要不断跟进新的技术,及时更新教学工具和手段。在利用大数据技术的过程中,如何保护学生的数据安全和隐私是一个重要的挑战。高校需要建立完善的数据安全和隐私保护机制,确保学生的数据安全。此外,数字智能化技术的应用需要教师具备一定的技术能力,如数据分析、人工智能应用等。因此,高校需要加强对教师的技术培训,提高教师的技术水平。

高校需要积极应对这一趋势,加强技术研发、教师培训、数据安全和隐私保护等方面的工作,推动英语教育的创新发展。例如,高校可以建立专门的技术研发团队,负责研究和开发新的教学工具和手段,以满足数字智能化时代的需求;高校需要定期组织教师培训,提高教师的技术水平和教学能力,使他们能够更好地利用数字智能化技术进行教学;高校需要建立完善的数据安全和隐私保护机制,确保学生的数据安全和隐私不受侵犯;高校可以与企业合作,共同推动数字智能化技术在英语教育中的应用。企业可以为高校提供技术支持和实践经验,高校则可以为企业培养符合市场需求的人才。

(二)教育需求

随着全球化的深入发展,英语作为国际通用语言的重要性日益凸显。高校英语教育需要适应这一需求,提高教育质量和效率。通过优化课程设置,更新教学内容,改进教学方法,加强实践教学、信息化教学、个性化教学和多元化评估等方式,可以推动英语教育的创新发展。

在提高教育质量方面,首先,高校英语教育需要优化课程设置,注重培养学生的语言应用能力和跨文化交际能力。课程设置应该包括听、说、读、写、译等各个方面,同时注重培养学生的文化意识和跨文化交际能力。同时,对于英语教育的内容也需要不断更新。教学内容应该注重实用性和应用性,同时注重培养学生的创新能力和批判性思维。其次,高校英语教育需要改进教学方法,注重学生的主体地位和个性化需求。教学方法应该多样化,包括课堂讲授、小组讨论、角色扮演、案例分析等,以激发学生的学习兴趣和主动性。最后,高校英语教育需要加强实践教学,通过实践活动培养学生的语言应用能力和跨文化交际能力。实践活动可以包括模拟商务谈判、国际峰会模拟等,以提高学生的实践能力和综合素质。

在提高教育效率方面,首先,高校英语教育需要充分利用信息化技术,提高教学效率。通过建立在线学习平台、虚拟教室等多样化的学习渠道,可以为学生提供更加灵活、便捷的学习方式,同时也可以提高教学效率。其次,高校英语教育需要注重学生的个性化需求,通过大数据分析,可以了解学生的学习特点和需求,从而为学生提供更加个性化的学习建议和指导,提高学生的学习效果和学习效率。最后,高校英语教育需要采用多元化的评估方式,包括形成性评估和终结性评估相结合的方式。形成性评估可以及时了解学生的学习进度和问题,及时调整教学策略;终结性评估可以全面评估学生的学习成果和水平。多元化的评估方式可以提高教学效率和质量。

(三)创新驱动

数字智能化时代为高校英语教育提供了创新的空间和机会,通过利用新技术,可以推动教育模式的创新,提高教育效果。数字智能化技术为高校英语教育提供了线上线下相结合的教学模式,学生可以通过在线学习平台进行自主学习,同时结合线下的课堂教学,实现高效学习。数字智能化技术可以帮助学生更高效地学习英语,例如,智能推荐学习资源可以帮助学生找到适合自己的学习材料,从而提高学习效率。通过实践教学和模拟活动,学生可以更好地应用英语,提高实践能力。同时,虚拟现实技术可以为学生提供沉浸式的学习体验,增强学习效果。数字智能化技术可以培养学生的创新思维和批判性思维。例如,通过在线讨论、案例分析等方式,学生可以锻炼自己的思维能力和解决问题的能力。混合式教学是将线上教学和线下教学相结合的一种教学方式。通过混合式教学,学生可以在线学习基础知识,线下进行实践和应用,从而提高学习效果。此外,通过大数据分析,教师可以更准确地了解学生的学习需求和问题,从而提供个性化的教学。这种个性化教学可以更好地满足学生的需求,提高学习效果。

数字智能化时代为高校英语教育提供了创新的空间和机会。通过利用新技术和创新教育模式,可以提高教育效果,培养具有全球视野和跨文化交际能力的人才。数字智能化技术可以推动跨学科融合,将英语与其他学科相结合,形成新的教育模式。例如,将英语与计算机科学、经济学等学科相结合,可以形成新的交叉学科教育模式。数字智能化技术也可以促进高校之间的国际化合作,推动英语教育的国际化发展。通过国际合作,可以引进国际先进的教育理念和技术手段,推动英语教育的创新发展。数字智能化技术还可以推动社会化学习的发展。学生可以通过在线社交平台、在线社区等方式进行学习交流和互动,从而更好地掌握英语知识和技能。

二、高校英语教育转型的方向

(一)教育模式的转变

随着数字智能化技术的不断发展,高校英语教育的传统课堂教学模式正在经历一场深刻的变革。传统的课堂教学模式将逐渐转变为线上线下相结合的混合教学模式。线上教学和线下教学各有优势,二者相结合可以充分发挥各自的优势,弥补彼此的不足。线上教学可以提供丰富的学习资源和自主学习环境,而线下教学则可以提供面对面的交流和互动,帮助学生更好地理解和掌握知识。混合教学模式可以为学生提供更加灵活的学习方式。学生可以根据自己的时间和进度安排学习,不再受传统课堂的时间和地点限制。同时,学生还可以根据自己的学习需求和兴趣选择适合自己的学习资源和学习方式。此外,混合教学模式注重学生的参与和互动。通过在线学习平台、虚拟教室等工具,学生可以与其他同学和教师进行实时的交流和互动,分享学习经验和资源,共同解决学习问题。这种互动性可以激发学生的学习兴趣和主动性,提高学习效果。

随着教育模式的转变,在线学习平台、虚拟教室等多样化的学习渠道将为学生提供更加灵活、便捷的学习方式。在线学习平台是混合教学模式的重要组成部分。这些平台可以提供丰富的学习资源,包括课程视频、在线讲座、学习资料等。学生可以通过这些平台进行自主学习和个性化学习,满足自己的学习需求。虚拟教室是一种模拟真实课堂环境的教学工具,学生可以通过虚拟教室参加线上课程、讨论和互动。虚拟教室可以提供与传统课堂相似的学习体验,帮助学生更好地融入学习环境。随着移动设备的普及,移动学习将成为一种新兴的学习方式。学生可以通过手机、平板电脑等移动设备随时随地进行学习,不受时间和地点的限制。移动学习可以让学生充分利用碎片时间进行学习,提高学习效率。

未来,随着人工智能技术的发展,未来的混合教学模式将更加智能化。人工智能可以辅助教师进行教学设计、学习资源推荐和学生学习评估等工作,提高教学效果和效率。社交化学习作为一种基于社交网络的学习方式,学生可以通过社交网络平台进行学习交流和互动。未来的混合教学模式将更加注重社交化学习,通过社交网络平台激发学生的学习兴趣和主动性,而个性化学习则是根据学生的学习需求和兴趣提供定制化的学习资源和学习方式。未来的混合教学模式将更加注重个性化学习,通过大数据分析和人工智能技术为学生提供个性化的学习建议和指导。

(二)教学内容的更新

随着技术的发展,英语教育的内容也需要不断更新。英语教育不仅仅是语言知识的学习,更是文化意识的培养。在英语教育中,应该注重介绍英语国家的文化、历史、社会习俗等,让学生了解不同文化的差异和特点,培养跨文化交际的意识。通过实践活动,如模拟商务谈判、国际峰会模拟等,可以让学生亲身感受跨文化交际的过程,提高跨文化交际的能力。同时,还可以鼓励学生参加国际交流活动,如国际志愿者、文化交流项目等,增加跨文化交际的实践机会。

除了传统的语言知识和技能外,还需要注重培养学生的跨文化交际能力、批判性思维能力和创新能力。这些能力的培养有助于提高学生的综合素质和竞争力。

在英语教育中,应该注重培养学生的批判性阅读能力。通过阅读不同类型的文本,如新闻报道、学术论文、文学作品等,让学生学会分析文本的结构、观点和论证方式,培养批判性思维;或者通过课堂讨论、小组辩论等方式,鼓励学生发表自己的观点和看法,与其他同学进行交流和讨论。这种讨论可以锻炼学生的批判性思维能力和口头表达能力。此外,在英语教育中,应该注重培养学生的创新思维。通过引导学生进行头脑风暴、逆向思维等方式,鼓励学生提出新的观点和想法,培养创新思维的能力；通过实践活动，如创意写作、英语演讲比赛等，让学生将所学知识应用于实际情境中，锻炼创新实践能力。同时，还可以鼓励学生参加创新创业项目、科研项目等，培养创新精神和创新能力。

（三）教学方法的变革

在数字智能化时代，教育方法的重心应转向满足学生的个性化需求上来。通过大数据分析，教师能够深入了解学生的学习特点和需求，从而提供更具针对性的学习建议和指导。通过对学生的学习行为数据进行细致分析，如学习时长、学习路径和学习效果等，教师可以全面了解学生的兴趣、习惯和能力，为每个学生制定个性化的学习方案。同时，通过深入分析学生的学习需求和遇到的问题，教师可以精确地掌握学生所需的学习资源和帮助，从而提供更精准的学习资源和指导。此外，大数据分析的实时性也让教师能够及时评估学生的学习效果并给予反馈，帮助学生了解自己的学习进度和能力水平，进而调整学习策略和方法。

此外，根据学生的学习特点和需求，教师可以为学生制订个性化的学习计划，明确学习目标、学习内容和学习方法等，满足学生的个性化需求；教师可以了解学生的学习兴趣和能力水平，从而为学生推荐个性化的学习资源和学习路径，提高学习效果；教师通过在线交流、学习报告等方式，为学生提供个性化的学习指导和建议，帮助学生解决学习中遇到的问题和困难。

未来的教学方法将更加注重智能化推荐、个性化评估和个性化教学等方面的发展。随着人工智能技术的发展，未来的教学方法将更加注重智能化推荐，通过人工智能技术，可以自动为学生推荐个性化的学习资源和学习路径，提高学习效果和效率。通过大数据分析和人工智能技术，可以对学生的学习效果进行实时评估和反馈，帮助学生及时了解自己的学习进度和能力水平。通过大数据分析和人工智能技术，教师可以为学生提供更加精准的学习建议和指导，满足学生的个性化需求。同时，教师还可以根据学生的学习特点和需求，调整教学方法和策略，提高教学效果和效率。

（四）教育资源的整合

通过整合线上线下的教育资源，利用虚拟现实、增强现实等技术，可以为学生提供更加丰富的学习体验。通过整合线上线下的教育资源，可以实现资源的共享和优化配置。线上资源可以包括课程视频、学习资料、在线测试等，线下资源可以包括教室、实验室、图书馆等。通过共享这些资源，可以为学生提供更加全面和多样化的学习体验。线上和线下的教育资源可以相互补充，形成线上线下相融合的教学模式。学生可以在线上进行自主学习和预习，在线下进行实践和讨论，从而更好地理解和掌握知识。这种融合模式可以充分发挥线上和线下的优势，提高教学效果和效率。

同时，也可以利用虚拟现实、增强现实等技术，为学生提供沉浸式的学习体验。通过这些技术，学生可以身临其境地体验各种情境和场景，从而更好地理解和掌握知识。同时，这些技术还可以模拟实验、演示等活动，让学生更好地理解和掌握实验技能和操作方法。虚拟现实和增强现实技术还可以增加学习的互动性和趣味性。学生可以通过这些技术与其他同学进行互动和合作，共同解决问题和学习知识。同时，这些技术还可以通过游戏、竞赛等方式增加学习的趣味性和吸引力，提高学生的学习兴趣和积极性。

未来的教学方法将更加注重智能化教学、个性化评估和个性化教学等方面的发展。随着人工智能技术的发展，未来的教学方法将更加智能化，通过人工智能技术，可以自动为学生推荐个性化的学习资源和学习路径，提高学习效果和效率。同时，人工智能还可以辅助教师进行教学设计、学习资源推荐和学习评估等工作，提高教学效果和效率。通过大数据分析和人工智能技术，可以对学生的学习效果进行实时评估和反馈，帮助学生及时了解自己的学习进度和能力水平。同时，通过大数据分析和人工智能技术，教师可以为学生提供更加精准的学习建议和指导，满足学生的个性化需求，教师可以根据学生的学习特点和需求，调整教学方法和策略，提高教学效果和效率。

三、高校英语教育发展的策略

（一）加强技术研发

加强技术研发并掌握最新的教育技术是高校为英语教育提供支持的关键。通过建立技术研发团队、关注最新技术趋势、开展合作项目、提供教师技术培训、建立技术资源库以及定期评估与改进等方式，高校可以为英语教育提供全面的技术支持，提高教学效果和学习体验。

首先，高校应建立专门的技术研发团队，负责研发适合英语教育的技术和工具。团队成员应具备丰富的技术知识和教育经验，能够将最新的教育技术与英语教育相结合，为学生和教师提供支持。

其次，高校应密切关注最新的技术趋势，如人工智能、大数据、云计算等，并将其应用到英语教育中。例如，利用人工智能技术可以为学生提供个性化的学习建议和反馈，利用大数据技术可以对学生的学习行为进行分析和评估。高校可以与其他机构开展合作研发项目，如与知名科技企业、研究机构等合作，共同研发适合英语教育的技术和工具。通过合作，高校可以获得更多的技术支持和资源共享，提高技术研发的效率和成果的应用价值。

再次，高校应定期为英语教师提供技术培训，帮助他们掌握最新的教育技术，并将其应用到日常教学中。通过培训，教师可以更好地了解学生的需求和学习进展，提高教学效果，增强学生的学习体验；高校可以建立技术资源库，将研发的技术成果、学习资源等整理归档，方便教师和学生查询和使用。资源库可以包括各类学习软件、教学视频、案例分析等，为英语教育提供全面的技术支持。

最后，高校应定期对技术研发的成果进行评估和改进，以不断提高技术的质量和应用效果。通过评估，高校可以发现存在的问题和不足，及时进行调整和改进，确保技术研发的有效性和实用性。

（二）培养师资力量

随着数字化技术的快速发展，数字化教学已经成为教育领域的重要趋势。高校需要培养一支具备数字化教学能力的师资队伍,能够充分利用数字化技术,为学生提供更加生动、有趣、高效的学习体验,提高教学效果和学生的学习成果。首先,高校可以开设专门的数字化教学培训课程,为教师提供数字化教学理论和实践的培训。课程可以包括数字化教学资源的设计与开发、在线教学方法、多媒体教学技术等内容,帮助教师掌握数字化教学的基本技能和方法。其次,高校可以为教师提供实践机会,让他们在实际教学中应用数字化技术。例如,可以组织教师观摩数字化教学示范课,或者安排教师参与数字化教学改革项目,通过实践锻炼提高教师的数字化教学能力。再次,高校可以组织教师之间的合作与交流活动,促进教师之间的经验分享和技术交流。可以定期举办数字化教学研讨会、工作坊等活动,为教师提供交流平台,促进他们的专业成长。最后,高校可以制定激励措施,鼓励教师积极探索和应用数字化教学方法。例如,可以设立数字化教学奖励制度,表彰在数字化教学方面表现突出的教师;或者提供数字化教学资源和技术支持,为教师开展数字化教学提供便利。

通过培养具备数字化教学能力的师资队伍,高校可以为英语教育的转型和发展提供人才保障。具备数字化教学能力的教师可以更好地适应教育领域的发展趋势,将数字化技术应用到英语教育中,推动英语教育的创新和发展。同时,他们还可以为学生提供更加丰富和多样化的学习体验,提高学生的学习效果和满意度。

(三)深化校企合作

企业可以为高校提供技术支持和实践经验,高校则可以为企业培养符合市场需求的人才。高校与企业合作是一种有效的方式,可以共同推动英语教育的转型和发展。通过企业提供技术支持和实践经验、高校培养符合市场需求的人才这样的合作模式,可以促进教育领域的发展和创新。同时,这种合作也可以为学生提供更加丰富和多样化的学习体验,提高他们的就业竞争力和职业发展前景。

企业通常拥有先进的技术和设备,可以为高校提供技术支持和资源共享。例如,企业可以提供最新的教育技术、软件和硬件设备等,帮助高校建立数字化教学平台,提高教学效果和学习体验。高校可以为企业输送优秀的人才,满足企业的用人需求。通过与企业合作,高校可以了解企业的招聘标准和要求,从而有针对性地培养人才,提高人才的就业率和竞争力。

企业可以为高校学生提供实践机会和经验分享。例如,企业可以安排高校教师参与实际项目,了解市场需求和行业发展趋势,从而更好地指导学生的实践学习。高校可以通过与企业合作,了解市场需求和行业发展趋势,从而调整人才培养方案和课程设置,培养符合市场需求的人才。例如,可以开设与行业相关的课程和实践项目,提高学生的实践能力和职业素养。

高校与企业可以在多个方面展开合作,如课程设置、教材编写、实践教学、科研项目等。通过合作,双方可以共同推动英语教育的转型和发展,提高教学效果和学生的学习成果。此外,高校与企业采取多种合作模式,如项目合作、共建实验室、实习基地等。通过合作,双方可以共享资源、优势互补,实现互利共赢。

(四)强化国际合作

高校加强与国际高校的交流与合作对于推动英语教育的国际化发展至关重要。高校可以加强与国际高校的交流与合作,引进国际先进的教育理念和技术手段,推动英语教育的国际化发展。通过引进先进教育理念、借鉴成功经验、扩宽学生视野、提高教师素质和培养国际化人才等方式,高校可以提高英语教育的质量和水平,培养更多具有国际视野和跨文化交际能力的人才。例如,通过与国际高校交流合作,高校可以引进国际上先进的教育理念和教学方法,了解国际教育发展趋势和方向,从而调整和完善自身的英语教育体系;国际高校在英语教育方面积累了丰富的成功经验,高校可以通过与国际高校交流合作,借鉴这些成功经验,提高自身的英语教育水平;通过与国际高校合作,高校可以推动英语教育的国际化发展,培养具有国际视野和跨文化交际能力的人才,提高学校的国际化水平和声誉。

此外,高校可以与国际高校建立学术交流平台,如联合实验室、研究中心、孔子学院等,开展合作研究和学术交流活动,共享资源和信息;举办国际学术会议,邀请国际知名学者和专家来校交流,分享最新的研究成果和经验,促进学术合作和共同发展;可以与国际高校开展学生交流项目,如海外实习、国际暑期学校等,为学生提供国际化学习体验和跨文化交流机会；可以与国际高校合作开发课程和教材，将国际先进的教育理念和技术手段融入其中，提高教材和课程的国际化水平；可以引进外籍教师和专家来校任教和讲学，带来新的教学理念和方法，提高英语教育的国际化水平。

第二章

数字智能化时代高校英语教育的理念革新

数字智能化时代对高校英语教育提出了新的挑战和机遇，也推动了教育理念的革新。数字智能化时代高校英语教育的理念革新主要体现在自主学习、深度学习、移动学习与体验学习等方面。在这样的背景下，教师需要不断更新自己的教育理念，创新教学方法，以适应数字智能化时代的要求。

第一节　自主学习理念

高校英语教学的优化与创新能使语言人才核心素养增强,使其成为振兴祖国、建设国家的重要力量。新时代知识更新速度加快,学生积极提升自主学习能力,从而为学习型社会的构建奠定良好基础。本节从自主学习的基本概念入手,探究自主学习能力薄弱的成因,并提出具体应对措施,既能完善高校语言教育架构,提升学生自主学习能力,又能在英语教学发展过程中提升学生的语言核心素养,使学生真正在语言学习中成长为高素质复合型人才。

一、自主学习的概念

在数字智能化时代,高校英语教育的理念革新成为教育界关注的热点。传统的教学模式已经不能满足现代社会对英语人才的需求,因此,如何进行高校英语教育的理念革新,成了当前教育界急需解决的问题。下面从自主学习的角度出发,探讨数字智能化时代高校英语教育的理念革新。

自主学习是指学习者在没有教师直接指导的情况下,通过自我探索、发现、实践和反思等方式进行学习。这种学习方式在数字智能化时代具有重要的意义。首先,自主学习能够提高学习者的学习效率。在数字智能化时代,学习者可以通过互联网、移动设备等工具,随时随地进行学习。学习者可以根据自己的兴趣和需求,选择学习的内容和进度,从而提高学习效率。其次,自主学习能够培养学习者的自主学习能力。在数字智能化时代,学习者只有具备较强的自主学习能力,才能适应社会的发展。自主学习能够帮助学习者培养自主思考、自主探索、自主实践的能力,从而提高学习者的综合素质。

然而,自主学习也存在一些问题。自主学习需要学习者具备较强的自我管理能力。学习者在自主学习的过程中,需要自我监督、自我激励,从而保持学习的积极性和动力。同时,自主学习需要学习者具备较强的信息素养。学习者在自主学习的过程中,需要学会如何利用互联网、移动设备等工具,获取、处理、利用信息。

因此,高校英语教育需要进行理念革新,以适应数字智能化时代的发展。高校英语教育应该注重培养学习者的自主学习能力,并提供丰富的学习资源和工具,以帮助学习者进行自主学习;另外,还应该注重培养学习者的信息素养,提供相关的信息素养培训课程,帮助学习者提高信息素养。

二、高校英语教育中学生自主学习能力薄弱的成因

高校英语教育中学生自主学习能力薄弱的成因可以从多个方面进行分析和探讨。

（一）学生缺乏学习热情

虽然在素质教育改革过程中,学生成为教育的主体,但仍有部分学生并未认识到自主学习的重要性,还有部分学生虽然具有一定学习意识,却缺少学习计划。学生在课堂上被动接收知识,很难提升对英语学习的兴趣,学习意识薄弱。学习缺少有效规划是导致其缺少主观能动性的主因。制订学习计划既能帮助学生树立良好学习习惯,也能使学生加强自主反思,认知语言学习的重要性。部分学生在学习过程中并未制定明确的学习目标和学习办法,也没有基于自身发展需要进行针对性学习,这导致其学习质量和学习效率较差,不利于增强学习自信,也限制其自主学习能力的提升。

（二）教育者角色定位模糊

素质教育改革促使教育工作者从主体地位转变为引导地位,教育工作者需加强对学生的有效引导,积极提升其自主学习能力,但现阶段教育工作者多利用知识灌输模式向学生传输相关学习资源,长此以往,学生依赖教师输送的知识,很难提升自主学习能力。虽然素质教育改革已有多年,但受传统应试教育影响,教师仍是语言课堂中的主宰,占据绝对的权威地位,这既会抑制学生的主观能动性,也不利于培养学生自主学习能力。

(三)学习者评价认知不足

培养学生自主学习能力,旨在督促其全方位发展。学生既需要在学习过程中加强自我约束与自我管理,也需要在了解新知识时发现问题并提升解决问题的能力,但现阶段部分学生在学习过程中习惯依赖教师,很少进行自主评价和反思,这也导致学生无法加强对自身学习能力和学习效果的全方位了解,更不利于学生养成良好的学习习惯。教育评价的初衷是期望能了解学生的个性特点,从而更好地为学生服务,而现阶段教育评价由于学生参与较少,导致其并未发挥应有的作用和价值,既不利于学生强化自主反思,也不利于学生构建科学化学习方案,影响了学生学习目标的制定。

三、自主学习在高校英语教育中的重要性

在数字智能化时代,高校英语教育正面临着理念革新的挑战。在这样的背景下,自主学习作为一种全新的学习方式,对于提高英语学习效果具有重要的意义。

(一)推动英语教学改革,激发学习者求知欲望

英语教学过程中传授的语言知识需学生真正吸收和理解才能被掌握。只有培养学生自主学习能力、激发学生求知欲望,才能使其真正做学习的主人,但现阶段的英语教学中仍存在应试化倾向。虽然四六级考试体系正在逐渐发生变化,但仍存在重视结果、轻视过程的现象,不利于打破传统的以教育工作者为中心的教学模式,也无法充分激发学生学习热情。教师应致力于培养学生自主学习的能力,避免学生过分依赖教师,培养学生为自己构建有针对性的学习计划的习惯,以提高学习能力,养成独立学习习惯,从而为未来发展奠定良好基础。

（二）提升英语学习效率，创建科学化学习环境

英语学习是一项长期的动态化过程，学习者需借助多元模式了解自己学习的全过程，并不断提升学习能力，这样才能更好地掌握英语这门语言。英语学习的效率和质量不取决于学生背诵多少词汇、了解多少语法，而是指学生运用语言的能力。英语教学优化能使学生在学习过程中真正掌握英语，也能使其对自身学习能力有更清醒的认知，并督促其不断加强学习，制订个性化学习方案。教师在学生自主学习时督促其消化吸收语言内容，能使学生形成特色化学习方案，更能使其在学习过程中学会自我剖析，并选择恰当的学习方法进行学习，以增强学习效果。教师还应为提升学生自主学习能力而构建科学的学习环境，这不仅有利于学生健康成长，也能实现英语教学的新生，助推语言教育架构进一步完善。

四、自主学习理念在高校英语教育中的实践

在数字智能化时代，高校英语教育的理念革新成了教育界关注的热点。传统的教学方式已经无法满足学生的学习需求，因此，如何实现英语教育的理念革新，成了一项紧迫的任务。其中，自主学习理念的实践是实现教育理念革新的重要途径。

（一）创新学习环境，培养学生的学习意识

在高校英语教学中，创新学习环境，激发学习者学习意识，有利于英语教学的新生，也能打破传统语言教育局限，助推语言教育迈向新的发展台阶。例如，教育工作者可引导和激励学生参与课程设计与评价，并营造和谐的教育氛围，释放学生潜能，以确保其在提升学习能力的基础上逐渐认知自主学习的重要性。学生长期受应试教育影响，很难在短时间内快速提升自主学习能力，因此教育工作者可适当基于学生的个性特点、智力因素、生活经历等强化行为教育，为其树立良好榜样并借助激励手段确保所有学生在成长过程中提升学习参与欲望，从而自主制定有针对性的学习计划并完成学习目标。

（二）转变教师角色，调动学生的学习积极性

在进行语言教育的创新和优化时，应使教育工作者转变自身角色定位，既要倡导学生自主学习，也要在教育过程中转变学生观念，这样才能使其真正成为学习的主人。学习者需减少对教育工作者的依赖，并加强自主学习。例如，教育工作者可向学生传授学习技巧，并利用专家讲座邀请更多语言专家和学生共同分享学习心得，以确保学生可自主掌握学习进度，制定学习计划，明确学习目标。为确保学生学习效率不断提升，教育工作者可利用互联网技术、人工智能技术等收集学生线上学习动态数据，以此挖掘学生深层次的学习动机，并在引导其自主学习时强化与学生的有效沟通，以确保教育工作者与学习者真正处于平等地位。教育工作者需当好信息提供者，既要在学习者自主学习的过程中为其提供全面的学习材料，也要引导其在综合性材料中甄别适合自己的学习内容。

（三）完善评价方法，助推学生自我反思

高校英语教学改革过程中借助完善评价的方法引导学生自主参与评价，有利于学生进行反思，更能为增强学生自主学习能力奠定良好基础。现阶段信息技术的发展与普及使英语教学优化迫在眉睫，教师及学校可加强合作互动，共同构建学生成长档案，并在成长档案中收集学生的学习动态化数据，了解学生在学习中的进步和成就，并对其所做努力进行科学分析，以帮助学生强化自我反思。收集学生的个人作品和个人成绩，了解学生自主制定的学习目标与学习计划，可得知大学生中普遍存在的共性问题，并借助问卷调查、教师评语、学生自评、生生互评等形式，使学生了解自己成长的每一步。以此将选择权利交还给学生，能使学生在知识积累过程中看到进步、看到成长，并改正缺点发扬优点。

第二节　深度学习理念

随着教育理念的不断更新,深度学习作为一种新型学习方式,逐渐受到教育界的关注。深度学习理念强调学生在学习过程中的主动探究、批判性思维和创新能力。下面将深入探讨深度学习理念在高校英语教育中的应用,以期为高校英语教学改革提供参考。

一、深度学习的概念

随着科技的不断发展以及数字智能化时代的到来,高校英语教育也需要进行理念革新。深度学习作为一种人工智能技术,已经被广泛应用于各个领域,其中便包括高校英语教育。深度学习理念的定义可以从以下几个方面进行阐述。

（一）深度学习是一种人工智能技术

深度学习是一种基于神经网络的人工智能技术。它通过模拟人脑神经元的工作方式,建立深度神经网络模型,从而实现对数据的自动学习和特征提取。深度学习的核心是神经网络,它由多个层次的神经元组成,每个神经元都接收输入数据并输出一个值,这些输出值被用来计算输入数据的特征。

（二）深度学习可以进行自动学习

深度学习可以通过自动学习来获取数据中的模式和特征,而不需要人工干预。这种自动学习的能力使得深度学习在处理大量数据时具有很高的效率和准确性。深度学习可以从大量的输入数据中自动提取出重要的特征,并利用这些特征来完成各种任务,例如语音识别、图像识别、自然语言处理等。

(三)深度学习可以进行自适应学习

深度学习可以进行自适应学习,即学习过程中可以根据不同的任务和数据自动调整模型结构和参数。这种自适应学习的能力使得深度学习可以更好地适应不同的应用场景和需求。例如,在高校英语教育中,深度学习可以根据学生的学习进度和能力自动调整教学内容和难度,从而提高教学效果。

(四)深度学习可以进行个性化学习

深度学习可以进行个性化学习,即学习过程中可以根据学生的个性和需求自动调整教学内容和方式。这种个性化学习的能力使得深度学习可以更好地满足学生的学习需求,提高学生的学习兴趣和动力。例如,在高校英语教育中,深度学习可以根据学生的兴趣和需求自动推荐适合的学习内容和资源,从而提高学生的学习效果。

在高校英语教育中,深度学习理念可以有效帮助教师提高教学效果,帮助学生提高学习兴趣和动力,从而实现英语教育的智能化和个性化发展。

二、深度学习理念在高校英语教育中的重要性

在高校英语教育中贯彻深度学习理念具有以下意义。

(一)促进学生高阶思维能力的发展

深度学习理念强调培养学生的高阶思维能力。在高校英语教育中,教师可以通过设计具有挑战性的任务,引导学生运用所学知识解决实际问题。例如,教师可以组织学生进行小组讨论,对英语文章进行分析、评价和创新性解读。此外,教师还可以利用案例教学法,引导学生在实际场景中运用英语知识和技能。

（二）提高学生的语言交际能力

深度学习理念强调学习过程的互动性。在高校英语教育中,教师可以利用各种教学手段,如角色扮演、模拟谈判等,为学生创造真实的语言交际场景。这有助于提高学生的英语口语能力和跨文化交际能力。同时,教师还可以引导学生参与线上线下的英语交流活动,增加实际语言交际机会。

（三）促进学生自主学习能力的培养

深度学习理念强调学生的自主学习能力。在高校英语教育中,教师可以引导学生利用数字教育资源,如在线课程、学习平台等,进行自主学习。此外,教师还可以指导学生制定学习计划,培养其良好的学习习惯和方法。学生在自主学习过程中可以逐渐掌握英语知识和技能,提高英语水平。

（四）促进教师角色的转变

深度学习理念要求教师从传统的知识传授者转变为学生学习的引导者和促进者。在高校英语教育中,教师需要关注学生的个性化需求,为其提供有针对性的教学指导。同时,教师还需要熟练掌握数字教育资源,将其应用于英语教学中,提高教学效果。教师还可以通过与学生的互动,了解其学习需求和困难,为其提供及时的帮助和支持。

三、高校英语深度学习存在的问题

随着数字智能化时代的到来,高校英语教育也在不断地进行理念革新。然而,深度学习作为一种新兴的学习方式,在高校英语教育中仍面临着一些困境。

（一）具体问题

1. 资源不足

深度学习需要大量的数据和计算资源。然而,目前高校英语教育中的资源往往不足以支持深度学习的应用,许多高校的英语教育设施落后,缺乏现代化的教学设备和网络资源。此外,高校英语教育中的师资力量也相对薄弱,缺乏具备深度学习相关知识和技能的教师。

2. 缺乏有效的评估机制

深度学习是一种全新的学习方式,缺乏有效的评估机制。传统的英语教育评估方式往往难以衡量深度学习的效果。因此,高校英语教育需要探索新的评估方法,以便更好地评估深度学习的效果。

3. 教师观念的转变

深度学习需要教师具备新的教学观念和技能。然而,目前许多高校英语教师仍然停留在传统的教学观念上,缺乏对深度学习的认识和理解。因此,高校英语教育需要加强教师培训,提高教师的深度学习素养。

（二）解决措施

1. 加大投入,改善教学设施

高校英语教育需要加大投入,改善教学设施。学校应该增加教学设备和网络资源,提高教学质量和效率。此外,学校还应该加强师资队伍建设,提高教师的深度学习素养,为深度学习提供有力的支持。

2. 建立有效的评估机制

高校英语教育需要建立有效的评估机制,以便更好地评估深度学习的效果。学校可以采用多种评估方式,如测试、作业、课堂表现等,以全面评估学生的学习效果。此外,学校还可以利用深度学习技术,对学生的学习数据进行分析,以便更好地指导教学。

3.加强教师培训,提高教师深度学习素养

高校英语教育需要加强教师培训,提高教师的深度学习素养。学校可以定期举办教师培训活动,提供深度学习相关的知识和技能培训。此外,学校还可以组织教师参加深度学习相关的学术会议和研讨会,以便了解最新的深度学习技术和教学方法。

总之,高校英语深度学习面临一些困境,需要采取相应的措施加以解决。学校应该加大投入,改善教学设施,建立有效的评估机制,加强教师培训,提高教师的深度学习素养。只有这样,高校英语教育才能更好地适应数字智能化时代的需求,为学生提供更加优质的教育服务。

四、深度学习理念在高校英语教育中的实践

将深度学习理念应用于高校英语教育中,需要对现有的教学模式进行改革。传统的讲授式教学模式难以满足深度学习的需求。因此,教师应积极尝试采用以学生为中心的教学模式,激发学生的学习兴趣和积极性。此外,教师还可以利用数字教育资源,创新教学方法和手段,提高教学效果。

(一)为高校英语教育提供全新的教学方法

传统的英语教育主要依赖于教师讲解和学生的被动接受,而深度学习则强调学生的主动参与和自主学习。通过深度学习,学生可以利用计算机技术自主地学习语言知识和技能,提高学习效率。例如,在英语听力训练中,学生可以利用深度学习技术进行自主学习,通过大量的语音和视频资料来提高自己的听力水平。

(二)对高校英语教育资源进行优化配置

传统的英语教育资源主要依赖于纸质教材和课堂教学,而深度学习则可以实现教育资源的共享和高效利用。例如,教师可以利用深度学习技术将教学内容进行数字化处理,制作成多媒体课件和视频课程,供学生随时随地进行学习。同时,学生也可以通过深度学习技术共享自己的

学习资源,如笔记、习题等,实现资源的共享和交流。

(三)对高校英语教育评价进行改革

传统的英语教育评价主要依赖于考试成绩和教师评价,而深度学习则可以实现评价的多元化。例如,教师可以利用深度学习技术对学生的学习行为进行分析,评价学生的学习效果,同时,学生也可以通过深度学习技术对自身的学习情况进行评价,以改进学习方法。

(四)促进高校英语教育与社会的融合

传统的英语教育主要服务于学生的升学和就业,而深度学习则可以实现英语教育与社会需求的紧密联系。例如,教师可以利用深度学习技术将社会热点话题引入课堂教学,提高学生的社会责任感;同时,学生也可以通过深度学习技术了解社会动态,提高自己的综合素质。

深度学习理念在高校英语教育中的应用具有广阔的前景。教师应积极关注这一新兴教育理念,将其应用于实际教学中,为学生提供更高效、更优质的英语教育。

第三节　移动学习理念

在经济高速发展的今天,国家和社会对实用型、复合型英语人才需求日益增加。传统的英语教学模式已不能完全适应社会的发展,而移动学习作为一种全新的教学模式,让高校英语教学不再受空间与时间的限制,学生可以借助信息技术随时随地获取知识、交流沟通。移动学习的出现,打破了传统模式的壁垒,为高校英语教学提供了新方向。

一、移动学习的概念

移动学习是一种通过移动设备和技术进行学习的教学方法,学生可以随时随地进行学习,打破了传统的学习时间和地点的限制。在数字智能化时代,移动学习已经成为高校英语教育的一种重要方式和途径。

移动学习可以为学生提供更加灵活的学习方式。传统的课堂教学往往需要在固定的时间和地点进行,而移动学习可以让学生在任何时间、任何地点进行学习。学生可以根据自己的时间来合理安排学习计划,从而更加高效地学习。此外,移动学习还可以为学生提供更加丰富的学习资源。学生可以通过移动设备随时访问各种学习资源,如电子书籍、在线视频、音频文件等,从而拓宽了学生的学习视野。

移动学习可以提高学生的学习兴趣和参与度。传统的课堂教学往往比较枯燥,学生的参与度较低,而移动学习可以通过多种方式来激发学生学习兴趣,如游戏化学习、交互式学习等。学生可以通过参与各种互动活动来提高学习的兴趣和参与度,从而更加积极地学习。

移动学习还可以为学生提供更加个性化的学习体验。传统的课堂教学往往无法满足每个学生的个性化需求,而移动学习可以通过各种数字化工具来满足学生的个性化需求,如自适应学习系统、学习路径推荐等。学生可以根据自己的学习习惯和需求来制定学习计划,从而获得更加个性化的学习体验。

二、移动学习的特点

移动学习是时代发展的趋势,越来越多的大学生通过选择这种方式学习英语来充实自身的课外学习生活。现阶段英语移动学习主要具有以下特点。

(一)学习主体的个性化

学习主体的个性化是指学生作为学习的主体,具有独特的需求和兴趣。在传统的教学方式中,教师通常采用统一的教学方法和课程设置,而忽视了学生的个性化需求。然而,在数字智能化时代,学生可以利用各种数字化工具,如在线课程、学习平台等,根据自己的需求和兴趣进行自主学习。这种个性化学习方式可以更好地满足学生的需求,提高学习效果。

在高校英语教育中,个性化学习方式可以通过以下几种方式实现。

1. 个性化教学计划

教师可以根据学生的需求和兴趣,制定个性化的教学计划,包括教学内容、教学方法、学习进度等,这样可以更好地满足学生的个性化需求,提高学习效果。

2. 在线学习平台

学生可以利用在线学习平台进行自主学习,根据自己的需求和兴趣选择学习内容和进度,这样可以更好地满足学生的个性化需求,提高学习效果。

3. 学习小组

学生可以组成学习小组,根据自己的需求和兴趣选择学习内容和进度,这样可以更好地促进学生之间的交流和合作,提高学习效果。

4. 个性化评估

教师可以根据学生的个性化需求,采用不同的评估方式,如个人评估、小组评估等,这样可以更好地评价学生的学习效果,提高学习效果。

(二)学习设备的便捷性

学习设备的便捷性体现在多个方面。

1. 学习设备具有便携性

在智能化时代,学生需要经常外出,学习设备的便携性可以让学生随时随地学习,不受时间和空间的限制。例如,智能手机和平板电脑等移动设备已经成为现代人的必备品,高校英语教育可以借助这些设备来开展学习活动,提高学生的学习兴趣和参与度。

2. 学习设备具有交互性

在智能化时代,学生需要更加积极主动地参与学习过程,学习设备的交互性可以提高学生的学习兴趣和参与度。例如,在线英语学习平台可以提供丰富的学习资源和互动功能,学生可以通过在线讨论、在线测试等方式与教师和同学互动,提高学习效果。

3. 学习设备具有个性化

在智能化时代,学生有不同的学习需求和习惯,学习设备的个性化可以更好地满足学生的需求,提高学习效果。例如,智能学习平板可以根据学生的学习习惯和兴趣推荐相关的学习资源,智能学习耳机可以根据学生的听力习惯和需求推荐相关的学习内容,提高学生的学习体验和效果。

(三)学习时空的移动性

学习时空的移动性指的是学习可以随时随地进行。在传统的英语教育中,学生需要按照固定的时间和地点上课,而在数字智能化时代,学习时空的移动性意味着学生可以随时随地进行学习,只要有一台可以连接互联网的设备,就可以随时学习英语。

学习时空的移动性对于高校英语教育有着重要的意义。

(1)它可以帮助学生更好地利用时间。在传统的英语教育中,学生需要按照固定的时间和地点上课,有时候会出现时间冲突或者地点不便的情况。而在数字智能化时代,学生可以随时随地进行学习,可以更好地安排自己的时间,避免时间冲突和地点不便的情况。

(2)学习时空的移动性可以提高学生的学习效率。在传统的英语教育中,学生需要花费大量的时间和精力去往返于学校和家里。而在数字智能化时代,学生可以随时随地进行学习,可以节省大量的时间和精力,更好地集中精力学习英语。

(3)学习时空的移动性还可以促进学生的自主学习。在传统的英语教育中,学生需要按照教师的安排进行学习,而在数字智能化时代,学生可以更自主地安排自己的学习计划,提高学习效率。

三、移动学习在高校英语教育中的重要性

在当前的数字智能化时代,高校英语教育正面临着前所未有的挑战和机遇。传统的教学方式已经无法满足学生个性化学习、自主化学习、社会化学习的需求。因此,移动学习理念在高校英语教育中的重要性日益凸显。移动学习作为一种新型的学习方式,具有很多优势,既可以提高学生的学习效率,培养学生的自主学习能力和解决问题的能力,又有助于提高学生的英语学习的效果。

(一)提高学生的学习效率

传统的课堂教学往往受时间和空间的限制,学生需要在固定的时间和地点参加课堂学习。而移动学习则可以打破这些限制,学生可以在任何时间、任何地点进行学习,这样,学生可以根据自己的时间合理安排学习,避免了学习时间的浪费,提高了学习效率。

(二)培养学生的自主学习能力和解决问题的能力

在移动学习的过程中,学生需要自己安排学习进度,自己解决遇到的问题。这样,学生可以提高自己的学习能力和解决问题的能力,更好地适应未来的学习和工作。

(三)提高英语学习的效果

英语学习是一项长期的任务,需要学生坚持不懈地进行。而移动学习为学生在任何时间进行学习提供了可能,学生可以根据自己的需求选择学习的内容和方式,从而提高学习效果。

因此,高校英语教育应该积极引入移动学习理念,为学生提供更多元化、个性化的学习方式,以适应数字智能化时代的发展需求。

四、移动学习对高校英语教育的挑战

（一）移动学习对高校英语教师的挑战

移动学习的兴起,为学生提供了更为灵活的学习方式,同时也给高校英语教师带来了新的挑战。如何适应这一新的学习环境,找到适合学生的学习方式,成了每位英语教师需要深入思考和探讨的问题。

（1）移动学习为学生提供了随时随地学习的机会。这对高校英语教师来说,无疑是一个新的挑战。教师需要不断适应这种新的学习方式,并找到与之相适应的教学方法。在这个过程中,教师需要具备更多的技术能力,例如,如何使用各种学习软件和平台,如何利用移动设备进行教学等。这对教师的技能和知识水平提出了更高的要求。

（2）移动学习提供了丰富的学习资源和工具,如在线字典、语言学习应用程序、在线视频等。这些丰富的学习资源可以帮助教师更好地支持学生的学习。然而,教师也需要不断更新自己的知识和技能,以适应各种新的学习资源。

（3）移动学习还可以提供更多的互动和交流机会,如在线小组讨论、社交媒体交流等。高校英语教师需要学会如何有效地利用这些工具进行教学,例如,如何使用社交媒体进行教学,如何组织在线小组讨论等。

总体来说,移动学习对高校英语教师提出了新的挑战,但同时也提供了新的机遇。教师需要适应这种新的学习方式,并不断更新自己的知识和技能,以更好地支持学生的学习。在这个过程中,教师的角色将发生改变,他们需要从传统的知识传授者转变为学习的引导者和支持者。

（二）移动学习对当代大学生的挑战

（1）移动学习要求大学生具备更高的自律性和自主学习能力。传统的课堂教学以教师为中心,学生只需按时听课、完成作业即可。然而,在移动学习环境中,学生需要自主安排学习时间,独立完成学习任务。这对大学生的自律性和自主学习能力提出了更高的要求。他们需要学

会制定合理的学习计划,合理安排学习时间,自觉完成学习任务。

（2）移动学习强调学习资源的丰富性和多样性。在移动学习环境中,学生可以随时随地地获取学习资源,如在线课程、电子书籍、视频等。这对大学生的信息筛选和处理能力提出了更高的要求。他们需要学会在众多的学习资源中筛选出有价值的信息,从而进行有效的学习和应用。

（3）移动学习还要求大学生具备较高的沟通和协作能力。在移动学习环境中,学生需要与同伴、教师进行在线交流,共同完成学习任务。这对大学生的沟通和协作能力提出了更高的要求。他们需要学会如何有效地与他人进行沟通,如何合理分工、协作完成任务。

（4）移动学习还要求大学生具备较高的创新能力和批判性思维能力。在移动学习环境中,学生需要学会运用所学知识解决实际问题,培养创新思维。同时,他们还需要学会独立思考,对所学知识进行批判性分析,形成自己的见解。

总之,移动学习作为一种新兴的教育方式,对当代大学生提出了全新的挑战。大学生需要不断提高自己的自律性、自主学习能力、信息筛选和处理能力、沟通和协作能力以及创新能力和批判性思维能力,以适应移动学习环境下的学习需求。只有这样,他们才能在数字智能化时代的高校英语教育中取得更好的成绩。

五、移动学习理念在高校英语教育中的实践

在高校英语教育中,移动学习理念的应用主要体现在以下几个方面。

（一）引导大学生树立正确的学习理念

大学生要想运用移动学习方式学习好英语,需要有明确的学习目标、强烈的学习动机以及浓厚的学习兴趣。大学生只有在理念上意识到学习英语的意义和价值,才会确立学习英语的目标。大学生在英语移动学习中首先应结合自己的英语水平设置一个明确的目标,然后监督自己向这个目标迈进,不可半途而废。英语移动学习目标设置应该切合实际,这样才能依据目标设计难度适宜的学习任务,使大学生能通过英语移动学习体验成功,从而保持强烈的学习动机和激发浓厚的学习兴趣,增加自我效能和信心。在阶段性学习任务完成以后,大学生还要评估移动学习效果并修改、完善计划,以促进以后阶段的移动学习。

（二）帮助大学生有效管理英语移动学习时间

大学生进行英语移动学习时虽然可以自主地选择学习时间,但是由于没有主动地对时间进行规划,学习时间安排不合理,使得对碎片化的闲暇时间利用不足。因此,大学生在运用移动学习方式学习英语时,首先要保证自己的移动学习时间。大学生只有每天都留出累计一个小时以上的时间进行移动学习才能保证英语学习效果。同时,还须综合考虑自己一天当中的学习精力、学习环境、学习任务等方面的因素,选取合适的时间段进行英语移动学习。在学习活动中,大学生可以参照目标,制定合理的英语学习计划,并通过平台寻找适合自己的监督方式。

（三）利用移动设备和技术提供丰富的学习资源

移动设备的普及,使得学生可以随时随地地进行学习。学生可以使用手机、平板电脑等设备,通过网络获取英语学习资源,如在线课程、电子书籍、听力材料、视频等。这些资源可以让学生根据自己的时间和进度进行学习,大大提高了学习效率。

此外,移动设备还可以提供更加丰富的学习资源。比如,学生可以使用英语学习应用程序,如 Duolingo、Quizlet 等,通过互动、游戏等方式学习英语。这些应用程序不仅能够提供英语学习资源,还可以帮助学生进行口语、听力、阅读、写作等方面的练习。

移动设备还可以提供更加个性化的学习资源。学生可以使用学习管理应用程序,如 Google Classroom、Blackboard 等,记录自己的学习进度、完成作业、交流讨论等。这些应用程序可以根据学生的学习习惯和偏好,提供更加个性化的学习资源,从而帮助学生更好地掌握英语。

利用移动设备和技术提供丰富的学习资源,不仅可以提高学生的学习效率,还可以帮助学生更好地掌握英语。这种学习模式可以让学生更加主动地参与学习,提高学习兴趣和积极性,还可以帮助学生更好地适应现代社会的需求,提高其英语应用能力。

（四）提高移动学习资源的质量

大学生英语移动学习模式需要提供高质量的学习资源,移动学习资源的开发是指在创建移动学习硬件环境的基础上,进行课程模块、服务和产品的开发、测试和评价以及适用于移动设备的学习工具和应用程序的开发。学习资源要在一定程度上补充传统课堂教学的不足,从而满足大学生多样化、个性化的学习需求。针对大学生英语移动学习资源的开发,一是应提供大量的学习资源,针对性地开发出相应的课程(例如英语论文撰写等),以供大学生进行有选择性的学习;二是在学习资源的内容设计上要注意移动学习的片段化特点,移动学习资源一般是以知识元为核心,把移动学习资源进行分割,按知识元之间的内容,将之连接成一个知识系统;三是还需要兼顾知识呈现的趣味性和多样性,除了要考虑知识结构并合理安排课程之外,还需要给移动学习在表现形式上增添学习趣味,提升学生学习兴趣,激励学生自觉自律地使用移动学习资源辅助英语学习。

（五）加强移动学习技术的培训和投入

移动学习技术是一种新兴的学习方式,它利用移动设备和互联网技术,为学生随时随地提供学习资源和机会。与传统的课堂教学相比,移动学习具有更多的优势,例如,可以提高学生的学习效率、降低学习成本、增强学生的自主性和互动性等。

然而,教师和学校只有加强对移动学习技术的培训和投入,才能更好地利用这一技术来提高英语教育质量。教师需要掌握移动学习技术的基本原理和应用方法,以便能够有效地指导学生进行移动学习。学校需要投入足够的资金和人力资源,建立移动学习平台,为学生提供丰富的学习资源和课程。

加强移动学习技术的培训和投入,可以帮助教师更好地指导学生进行移动学习,提高学生的学习效果。例如,教师可以通过移动学习平台为学生提供个性化的学习资料和课程,根据学生的学习需求和兴趣进行个性化教学。同时,教师还可以利用移动学习技术来开展互动性教学,例如,组织学生进行在线讨论、交流和合作学习,增强学生的学习积极性和互动性。

加强移动学习技术的培训和投入,也可以帮助学校更好地开展英语教育。例如,学校可以利用移动学习技术来开展远程教学和在线教育,为学生提供更加灵活和便捷的学习机会。同时,学校还可以利用移动学习技术来开展个性化教学,根据学生的学习需求和兴趣进行教学设计和课程设置,提高学生的学习效果和学习满意度。

第四节 体验学习理念

如今,体验学习理念受到了越来越多的教育者的关注,并在实际的课堂应用中取得了良好的教学效果。以体验式学习理论和建构主义学习理论为基础的大学英语体验式教学模式强调教学过程中要坚持以学生为主体、以教师为主导,提倡学生通过尝试、实践来体验学习。本节介绍了体验学习的定义及理论基础,通过教学实例进一步分析探讨了体验学习的模式及实施策略,以及对今后高校英语课堂教学带来的启发和展望。

一、体验学习的概念

体验学习是一种新型的学习方式,其核心理念是让学习者在实际操作中,通过亲身体验来获得知识和技能。这种学习方式强调学习者的主动性和参与性,注重学习者的实际操作能力和应用能力。在数字智能化时代,高校英语教育也需要进行理念革新,采用体验学习的方式来提高学生的学习效果和应用能力。

体验学习是一种以学生为中心的学习方式。传统的教学方式往往是教师为中心,学生被动接受知识,而体验学习则强调学生的主动性和参与性,让学生在实际操作中体验到知识和技能的应用。例如,在英语口语教学中,教师可以组织学生进行角色扮演,让学生在模拟的情境中练习口语表达。这种方式可以让学生更加深入地理解语言的应用和表达方式,从而提高学生的口语表达能力。

二、体验学习在高校英语教育中的重要性

（一）提高学生的学习兴趣

传统的教学方式往往比较枯燥乏味，容易让学生失去学习兴趣，而体验学习则将英语学习与实际生活、工作和社会交往等场景相结合，使学生在真实的语境中学习英语，从而提高他们的学习兴趣。例如，在英语听力教学中，教师可以组织学生进行听力练习，让学生在听音乐、看电影、玩游戏等情境中练习听力。这种方式可以让学生更加深入地理解语言的应用和表达方式，从而提高学生的听力能力。

（二）培养学生的动手能力和解决问题的能力

传统的教学方式往往比较注重理论知识的传授，而忽视了实际应用能力和实践能力的培养，而体验学习则可以让学生在实际操作中，将所学知识应用到实际情境中，提高学生的应用能力和实践能力。例如，在英语写作教学中，教师可以组织学生进行写作实践，让学生在实际写作中运用所学知识，提高学生的写作能力。

（三）提高学生的英语学习的效果

传统的英语教育往往注重考试成绩，而忽视了学生对英语的实际应用能力，而体验学习则强调学生在实际应用中掌握英语知识，从而提高他们的英语应用能力。

综上所述，体验学习理念在高校英语教育中的重要性不容忽视。它可以帮助学生提高学习兴趣，培养学生的动手能力和解决问题的能力，从而提高学生的英语学习的效果。因此，高校英语教育应该重视体验学习理念的运用，推动英语教育理念的革新，以适应数字智能化时代的需求。

三、体验学习对高校英语教育的挑战

（一）体验学习对高校英语教师的挑战

体验学习是一种新型的学习方式,强调通过实践和体验来获得知识和技能。在数字智能化时代,高校英语教育也需要进行理念革新,以适应新的学习方式。然而,体验学习给高校英语教师也带来了挑战。

体验学习强调学生的主体性,要求教师在教学过程中注重学生的主动参与和体验。教师需要从被动地传授知识者转变为积极的引导者和组织者,激发学生的兴趣和参与度。教师需要注重学生的个性化需求,提供多样化的学习资源和活动,以满足不同学生的学习需求。

体验学习强调实践和应用,要求教师在教学过程中注重学生的实践能力和应用能力的培养。教师需要注重培养学生的实际语言运用能力,提供丰富的语言实践机会,如口语、写作、翻译等;教师需要注重培养学生的跨文化交际能力,为学生提供更多的跨文化交流机会,以提高学生的语言运用能力和跨文化交际能力。

体验学习强调合作和团队精神,要求教师在教学过程中注重学生的合作和团队精神。教师需要注重培养学生的团队协作能力,提供团队学习和合作完成任务的机会;教师需要注重培养学生的领导力,为学生提供更多的领导机会,以提高学生的领导力和团队合作能力。

（二）体验学习对当代大学生的挑战

随着数字智能化时代的到来,高校英语教育正在经历一场理念革新。传统的教学方式已经无法满足现代社会对人才的需求,因此,体验学习作为一种全新的教学理念,逐渐成为高校英语教育的新趋势。然而,对于当代大学生来说,体验学习带来了新的挑战。

1. 要求大学生具备较高的自主学习能力

在体验学习的过程中,学生需要主动参与各种实践活动,如小组讨论、角色扮演等,这要求学生具备较强的自学能力,能够独立地寻找、整

理、分析信息。同时,学生还需要具备较强的沟通能力,能够有效地表达自己的观点和意见,与他人进行有效合作。

2. 强调学生的实践能力和创新能力

在英语教育中,体验学习鼓励学生通过实际操作来学习语言,如模拟商务场景、进行角色扮演等。这种教学方式有助于提高学生的实践能力,使他们在实际应用中更好地运用英语。同时,体验学习还鼓励学生勇于创新,培养他们的思维能力和创新能力。

然而,对于当代大学生来说,他们往往习惯于传统的教学方式,对于体验学习这种全新的教学理念持有一定的抵触情绪。这主要是因为他们缺乏实践经验和自信心,对于这一种新的学习理念的接受程度较低。因此,如何引导学生主动参与体验学习,提高他们的实践能力和自信心,成为高校英语教育面临的一个挑战。

3. 注重培养学生的跨文化交际能力

在体验学习的过程中,学生应通过多种方式了解不同的文化背景,如可以观看外国电影、阅读外国文学作品等,这有助于提高学生的跨文化交际能力,使他们能够在国际交流中更好地表达自己的观点和意见。然而,如何有效地培养学生的跨文化交际能力,也是高校英语教育需要面对的一个挑战。

总之,体验学习作为一种全新的教学理念,为高校英语教育带来了新的挑战。然而,只要能够引导学生积极参与体验学习,提高他们的实践能力,增强他们的自信心,注重培养学生的跨文化交际能力,就有可能为高校英语教育注入新的活力,培养出适应数字智能化时代需求的英语人才。

四、体验学习理念在高校英语教育中的实践

体验学习技术的发展为高校英语教育提供了新的可能性。体验学习技术包括虚拟现实(Virtual Reality,简称 VR)、增强现实(Augmented Reality,简称 AR)和混合现实(Mixed Reality,简称 MR)等多种技术手段。这些技术能够为高校英语教育带来更加生动、直观的学习体验,有助于激发学生的学习兴趣和提高学生的英语学习效果。

在高校英语教育中,体验学习技术的应用主要包括以下几个方面。

（一）创设真实的语言环境

创设真实的语言环境,可以帮助学生更好地理解和掌握英语语言。通过模拟真实的语言环境,学生可以更好地适应英语交流的节奏和方式,提高英语应用能力。同时,创设真实的语言环境还可以激发学生的学习兴趣,提高学习效果。

1.创设真实的语言环境的途径

（1）创设情境教学。情境教学是一种通过创设情境,让学生在情境中学习英语的教学方法。例如,教师可以创设一个旅游情境,让学生在模拟旅游场景中进行英语交流。这样可以帮助学生更好地理解和掌握英语语言,提高英语应用能力。

（2）创设角色扮演。角色扮演是一种通过扮演不同的角色,让学生在角色中学习英语的教学方法。例如,教师可以让学生扮演医生和病人,进行英语交流。这样可以帮助学生更好地理解和掌握英语语言,提高英语应用能力。

（3）创设语言交流活动。语言交流活动是一种通过组织学生进行英语交流从而提高学生英语应用能力的教学方法。例如,教师可以组织学生进行英语角活动,让学生在交流中提高英语应用能力。

2.创设真实的语言环境应注意的问题

（1）创设真实的语言环境要符合学生的实际情况。创设真实的语言环境要考虑到学生的实际情况,不能过于简单或过于复杂。例如,对于初学者来说,创设一个简单的语言环境可能会更容易适应。

（2）创设真实的语言环境要注重学生的参与。创设真实的语言环境要注重学生的参与,不能让学生感到被动或无趣。例如,教师可以鼓励学生主动参与英语交流活动,提高学生的学习兴趣。

（3）创设真实的语言环境要注重教师的引导。创设真实的语言环境要注重教师的引导,教师要根据学生的实际情况,引导学生进行英语交流。例如,教师可以引导学生进行英语角色扮演,提高学生的英语应用能力。

综上所述,创设真实的语言环境是高校英语教育改革的重要内容之一。通过创设真实的语言环境,可以帮助学生更好地理解和掌握英语语言,提高英语应用能力。同时,创设真实的语言环境也需要注意一些问题,例如,创设符合学生实际情况的环境,注重学生的参与和教师的引导等。

(二)提高学生的参与度和互动性

传统的英语教学模式往往注重教师的讲解和学生的被动接受,而忽略了学生的主动参与和互动。然而,在数字智能化时代,这种教学模式已经不再适应时代的需求。因此,需要对高校英语教育进行理念的革新,以提高学生的参与度和互动性。

1. 提高学生的参与度

在传统的英语教学中,学生往往只是被动地接受知识,缺乏主动参与和思考的机会。而在数字智能化时代,我们可以通过各种方式来提高学生的参与度。例如,可以利用在线教育平台,让学生自主学习,提高他们的自主学习能力。还可以通过小组讨论、角色扮演等方式,让学生在互动中学习,提高他们的参与度。

2. 提高学生的互动性

在传统的英语教学中,学生往往只是与教师进行互动,缺乏与同学之间的互动。而在数字智能化时代,可以通过各种方式来提高学生的互动性。例如,可以利用在线教育平台,让学生与同学进行交流,分享学习心得;还可以通过线上英语角、英语俱乐部等方式,让学生与同学进行互动,提高他们的互动性。

3. 提高学生的创新性

在传统的英语教学中,学生往往只是被动地接受知识,缺乏创新性。而在数字智能化时代,可以通过各种方式来提高学生的创新性。例如,可以利用在线教育平台,让学生自主探索,发现新知识。还可以通过英语写作、口语表达等方式,让学生展示自己的创新能力,提高他们的创新性。

（三）促进师生互动

在传统的英语教育中，教师通常扮演着主导者的角色，学生则处于被动接受的状态。然而，在数字智能化时代，学生需要更多参与和主动学习。因此，教师需要通过各种方式来促进师生互动，激发学生的学习兴趣和积极性。

1. 在线教学平台

教师可以利用在线教学平台发布教学视频、PPT、习题等学习资源，并设置讨论区和互动环节，让学生可以随时随地参与讨论和交流。这种方式不仅可以提高学生的学习兴趣，还可以增加师生之间的互动，提高学生的学习效果。

2. 小组合作学习

教师可以将学生分成小组，让学生在小组内合作完成各种英语学习任务，例如写作、口语练习等。这种方式可以让学生在小组内互相学习、互相帮助，增加师生之间的互动，提高学生的学习效果。

3. 定期举行英语角、英语俱乐部等活动

教师可以定期组织学生参加英语角、英语俱乐部等活动，让学生在实际应用中提高英语水平。这种方式不仅可以增加师生之间的互动，还可以提高学生的英语应用能力。

4. 在线教学评估

教师可以通过在线教学评估系统，了解学生的学习情况，并及时给予反馈和建议。这种方式可以让学生及时得到教师的指导，促进师生之间的互动，提高学生的学习效果。

第三章

数字智能化时代高校英语教育的模式创新

随着互联网信息技术的快速发展，数字智能化时代已经到来，对高校英语教育的创新发展提出了新的要求。在高校英语教学中，传统教学模式已经不能满足社会发展和时代进步的要求，新时代的高校英语教育应积极应用现代化的教学模式和手段，推动高校英语教育水平的提升。本章主要探讨数字智能化时代背景下高校英语教育创新模式。

第一节　高校英语多模态教学

随着数字技术的不断发展,数字化、智能化、信息化已经成为时代的主旋律。在数字智能化时代,高校英语教学应顺应时代潮流,顺应大学生心理特征和认知水平,从学生的实际出发,以多模态话语为切入点,从英语课堂教学、网络教学、跨文化交际等方面入手,积极探索高校英语多模态教学模式,注重提升学生的英语综合能力。

随着高校英语教学改革的不断推进,越来越多的教师认识到多模态话语分析在英语教学中的重要性。作为一种全新的研究视角,多模态话语分析为学生提供了更加生动、直观、真实的学习环境,使学生能够在实际的课堂中掌握语言知识,提高语言表达能力。同时,学生也可以在多种模态下进行课堂互动和合作学习,这样不仅有利于提高课堂教学效率,还能使学生真正做到"学以致知"。因此,多模态话语分析理论在高校英语教学中具有重要意义。目前,我国的高校英语教学依然采用传统的课堂教学模式,以教师为中心,注重对知识进行传授和讲解。

多模态话语是指在信息技术和数字化设备的支持下,借助各种媒介进行信息传递、沟通交流。它是各种符号资源在人类社会交际中的运用,既包括视觉、听觉等与语言符号相似的模态,也包括由手、脚、身体姿势等参与的非语言模态。多模态教学是指教师和学生共同参与多模态话语活动,指教师通过语言、表情、动作、手势等多种非语言模态以及视觉和听觉多个方面,创设真实的教学情境,让学生在教师引导下运用多模态话语进行信息交流。高校英语多模态教学是指通过多种感官来实现信息传递和沟通交流。

在数字智能化时代,英语教学要充分利用现代信息技术,不断创新英语教学方法和教学手段,不断拓展英语学习空间,促进学生多感官协同参与,提升学生的语言交际能力。在教学过程中,教师要充分利用多媒体、互联网、慕课、微课等数字资源进行教学,不断提高高校英语教学质量。在这个过程中,教师要发挥主导作用,利用多模态话语为载体进行课堂教学,不断提升学生的跨文化交际能力。为了提高学生的语言交际能力和综合素养,高校英语教师要积极探索多模态教学模式在英语课堂上的应用,不断提升课堂教学质量和水平。

一、创设教学情境,激发学习兴趣

在多模态话语教学中,教师要创设真实的教学情境,使学生能够在英语课堂上体验真实的跨文化交际活动。同时,教师还要注重多模态话语的教学,利用多媒体、互联网、慕课、微课等数字资源为学生提供真实的语言环境,以激发学生学习兴趣。在这个过程中,教师要引导学生运用多模态话语进行信息交流,并注重培养学生的合作学习能力和自主学习能力。例如,在大学英语精读课教学中,教师可以利用网络慕课和微课资源设计有趣的教学活动,通过让学生观看电影《肖申克的救赎》来感受安迪面对困难时顽强不屈的精神。教师通过对电影剧情和人物形象进行分析,可以有效激发学生对英语学习的兴趣。在这个过程中,教师要注重引导学生自主学习、合作学习和探究学习。例如,在进行大学英语泛读课教学时,教师可以设置一个阅读任务:"阅读《肖申克的救赎》原著内容并完成课后作业。"在这个过程中,教师要让学生对原著进行简单的概括和总结,并结合自己所学知识对故事内容进行分析。在这个过程中,教师要鼓励学生采用多种模态进行信息交流。同时,教师还要引导学生对电影情节和人物形象进行分析。

二、精心设计问题,促进思维碰撞

在多模态话语教学中,教师要注重问题设计的科学性和针对性。在这个过程中,教师要善于将现实生活与英语学习相结合。例如,在英语阅读教学中,教师可以通过提问等方式来引导学生进行深入思考。

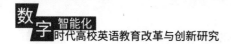

第二节　高校英语慕课与微课教学

一、高校英语慕课教学

　　慕课（Massive Open Online Courses，MOOC）是一种新兴的教育教学模式。它利用互联网技术，打破传统的教育时间和空间限制，为学习者提供便捷、高效的学习体验。慕课的定义可以从多个维度来理解，比如可以从学习资源形式、学习方式、学习对象等角度来解释，其中最核心的定义是它是一种开放式的在线课程，学习者可以随时随地进行学习，不受地域、时间等因素的限制。

　　（一）基于慕课平台的高校英语听力教学

　　在数字智能化时代，高校英语慕课教学已经成了英语教育发展的新趋势。作为一种新型的教学模式，慕课教学以其灵活性、互动性和高效性等特点，为高校英语教学带来了全新的体验。

　　慕课平台下的高校英语听力教学，并非简单的在线听力教学，而是充分利用慕课平台的优势，将传统听力教学与数字智能化技术相结合，从而实现听力教学的创新。

　　以某高校为例，该学校在慕课平台上开设了英语听力课程，通过在线视频、音频资料、练习题等多种形式，为学生提供了丰富的听力学习资源。在教学过程中，教师利用慕课平台进行实时互动，引导学生主动参与听力练习，提高学生的学习积极性和主动性。

　　此外，教师还利用慕课平台进行听力教学的个性化设置。通过分析学生的学习数据，教师可以更好地了解学生的听力水平，从而进行针对性的教学。同时，学生也可以根据自己的学习进度和需求，选择合适的听力学习资料，实现个性化学习。

　　在慕课平台下的高校英语听力教学案例中，教师还可以利用在线问答、讨论等功能,激发学生的学习兴趣,提高学生的学习效果。例如,教师可以设置听力练习题,学生在线提交答案,教师及时给出反馈,指导学生纠正错误。此外,教师还可以组织在线讨论,引导学生交流学习心得、分享学习经验,从而提高学生的交流能力。

(二)基于慕课平台的高校英语口语教学

首先,教师可以通过慕课平台发布口语课程的教学计划和内容,让学生在课前有明确的学习目标和方向。教师可以设计一些口语练习话题,如自我介绍、购物、旅游等,让学生在慕课平台上进行讨论和交流。其次,教师可以通过慕课平台组织口语练习活动,如模拟对话、小组讨论等。教师可以让学生在慕课平台上进行角色扮演,模拟真实的口语交流场景,从而提高学生的口语表达能力。最后,教师可以通过慕课平台进行口语评估和反馈。教师可以让学生在慕课平台上进行口语录音和评估,然后给予学生及时的反馈和建议。教师可以针对学生的口语问题,制定个性化的学习计划,帮助学生提高口语水平。

(三)基于慕课平台的高校英语阅读教学

采用慕课平台进行英语阅读教学时,教师在课程开始前,会提前准备好一系列的阅读材料,并在慕课平台上发布。学生可以在平台上自主选择阅读材料,并根据自己的进度进行学习。在阅读过程中,学生可以随时查看生词、语法等信息的解释,同时还可以与其他同学进行讨论和交流。教师还可以利用慕课平台,为学生提供一些辅助性的学习工具,如阅读理解题的自动批改、语法检查等。这些工具可以帮助学生更好地理解和掌握阅读材料的内容,提高学习效率。

慕课平台下的高校英语阅读教学也存在一些问题。例如,学生的自主学习能力不同,有的学生可能会利用慕课平台上的资源偷懒和松懈,而有的学生则可能会过度依赖教师和慕课平台,导致自主学习能力下降。因此,教师需要根据学生的实际情况,合理地利用慕课平台,引导学生在阅读过程中不断进行自主学习和探究。

（四）基于慕课平台的大学英语写作多模态教学

在慕课平台上，大学英语写作教学可以采用多种教学手段，如视频、音频、文本、图片、动画等，这些手段可以有效地吸引学生的注意力，激发学生的学习兴趣。此外，慕课平台上的大学英语写作教学还可以采用多种互动方式，如在线讨论、在线问答、在线作业、在线考试等，这些互动方式可以增强学生的学习参与度和学习效果。

在基于慕课平台的大学英语写作多模态互动教学中，教师可以利用多种手段和互动方式来指导学生进行写作。例如，教师可以利用视频来讲解写作技巧和方法，利用音频来示范正确的发音和语速，利用文本来提供写作素材和参考，利用图片和动画来展示写作内容和结构。同时，教师还可以利用在线讨论和在线问答来引导学生进行思考和交流，利用在线作业和在线考试来检查学生的学习成果和写作水平。

在基于慕课平台的大学英语写作多模态互动教学中，学生可以自主选择学习时间和学习方式，从而更好地适应自己的学习习惯和需求。此外，学生还可以通过在线讨论和在线问答来与同学交流和互动，从而增强自己的学习效果和交流能力。

二、高校英语微课教学

（一）高校英语微课教学概述

数字智能化时代高校英语微课教学是一种全新的教学模式，它充分利用了现代信息技术，将知识点进行拆分，以微视频的形式进行教学，提高了教学的效率和效果。

在课前，教师可以通过制作微课视频，将知识点进行拆分，以微视频的形式进行教学，这样能够提高学生的学习兴趣，增强他们的学习动力。在课中，教师可以针对学生提出的问题和困惑进行讲解，帮助他们解决学习中的困难。在课后，教师可以通过微课的形式，将知识进行复习巩固，帮助学生更好地掌握知识点。

在制作微课视频时，教师需要注意以下几点。

（1）视频内容要简洁明了，不要过于烦琐和复杂，以免让学生感到厌倦和困惑。

（2）视频制作要注重画面质量和声音清晰度，保证学生能够清晰地听到讲解和看到画面。

（3）视频制作要注重互动性和趣味性，让学生在观看视频的同时，能够积极参与到教学过程中来。

（4）视频制作要注重教学目标和教育意义，保证学生能够从视频中得到真正的受益和提高。

（二）微课在高校英语语法教学中的应用

1. 微课应用于高校英语语法教学的意义

（1）将语法知识情景化，增强学生学习趣味性。在数字智能化时代，高校英语微课教学成了一种全新的教学模式。相较于传统的教学方式，微课教学具有更强的互动性和趣味性，更能激发学生的学习兴趣。其中，将语法知识情景化是微课教学的一个显著特点。

将语法知识情景化，就是将语法规则融入实际生活场景中，让学生在情境中自然地学习和掌握语法知识。这种教学方式能够提高学生的学习兴趣，使他们更加愿意主动学习语法知识。例如，在教学英语的现在进行时态时，教师可以创设一个情境：一个学生在餐厅里点餐，服务员正在询问他需要点什么菜。这时，教师可以引导学生使用现在进行时态来描述这个场景。学生通过情境化的方式，更容易理解和掌握现在进行时态的用法。

将语法知识情景化，还可以帮助学生更好地理解和掌握语法规则。例如，在教学英语的过去进行时态时，教师可以创设一个情境：一个学生在教室里听教师讲课，突然发现有一只小鸟飞进了教室。这时，教师可以引导学生使用过去进行时态来描述这个场景。学生通过情境化的方式，更容易理解和掌握过去进行时态的用法。

将语法知识情景化，还可以帮助学生更好地记忆语法知识。例如，在教学英语的虚拟语气时，教师可以创设一个情境：一个学生在写信给远方的亲朋好友，信中提到了一些未来的事情。这时，教师可以引导学生使用虚拟语气来描述这个场景。学生通过情境化的方式，更容易记住虚拟语气的用法。

（2）丰富教师教学手段，促进学生有效学习。首先，教师可以通过微课视频的形式，将英语教学内容以生动、形象的方式呈现给学生。微课视频具有时间短、内容精、形式多样等特点，能够吸引学生的注意力，激发他们的学习兴趣。教师可以根据教学目标和内容，设计出有针对性的微课视频，帮助学生更好地理解和掌握英语知识。其次，教师可以利用网络平台，如在线教育平台、社交媒体等，与学生进行实时互动，为学生提供及时的反馈和指导。通过网络平台，教师可以随时随地地了解学生的学习情况，针对学生的学习问题进行解答和指导，提高学生的学习效果。此外，教师还可以利用人工智能技术，如智能教学助手、智能语音助手等，为学生提供个性化的学习建议和指导。这些智能教学助手可以根据学生的学习情况，为他们推荐合适的学习资源，提供个性化的学习建议和指导，提高学生的学习效果。

（3）丰富学生学习形式，增强学生学习自主性。首先，微课教学以短视频为主要载体，通过直观、生动的视频形式，从而使学生在短时间内掌握大量的知识信息。相比于传统的教学方式，微课教学更加注重学生的个性化需求，能够更好地满足学生在不同学习阶段的需求。此外，微课教学还具有较强的互动性，学生可以通过观看视频、参与讨论、完成练习等方式，更加主动地参与到学习过程中，从而提高学生的学习兴趣和积极性。其次，微课教学有助于提高学生的自主学习能力。在传统的教学模式中，学生往往需要依赖教师来获取知识，而微课教学则鼓励学生自主寻找、筛选、整合信息。学生可以通过网络平台、手机应用等多种途径，获取丰富的英语学习资源，提高自己的学习能力和素养。同时，学生在观看微课视频、完成相关练习的过程中，还可以培养自己的批判性思维、创新意识和团队合作精神，为今后的学习和工作打下坚实的基础。此外，微课教学还能够有效地解决高校英语教学中的实际问题。传统的教学模式往往存在教学内容单一、教学方法单一、教学效果不理想等问题，而微课教学则可以通过丰富的教学形式，实现教学内容的多样化、教学方法的多样化，提高教学效果。同时，微课教学还可以针对学生的个体差异，提供个性化的学习方案，使每个学生都能在英语学习中找到自己的兴趣和价值，提升学生的学习满意度和成就感。

2.微课在高校英语语法教学中的应用策略

（1）课前导学。在数字智能化时代,课前导学可以借助多种工具和平台来实现。例如,教师可以通过网络平台为学生提供预习资料,包括课程讲义、PPT、视频等,帮助学生提前了解课程内容。同时,教师还可以通过网络平台与学生进行互动交流,解答学生的疑问,提高学生的学习兴趣。

此外,课前导学还可以结合人工智能技术进行实现。例如,教师可以利用人工智能技术为学生提供个性化的学习建议,根据学生的学习情况,推荐适合的学习资料和方法,提高学生的学习效果。

在数字智能化时代,课前导学具有以下优势。

①提高学生的学习兴趣。课前导学可以帮助学生提前了解课程内容,明确学习目标,从而提高学生的学习兴趣。

②提高学生的学习效果。课前导学可以帮助学生提前掌握课程内容,提高学习效果。

③提高教师的教学效果。课前导学可以帮助教师了解学生的学习情况,从而更好地进行教学。

（2）课内助学。首先,教师可以通过在线视频的形式,向学生展示英语语法、词汇、发音等方面的知识。在线视频具有互动性、趣味性和易操作性等优点,可以吸引学生的注意力,激发学生的学习兴趣。此外,教师可以通过在线视频的形式,向学生展示实际应用场景,让学生更好地理解英语的实际应用价值。

其次,教师可以通过音频的形式,向学生播放英语歌曲、听力材料等,帮助学生提高听力和口语能力。音频具有声音优美、节奏感强、易于模仿等特点,可以帮助学生更好地掌握英语发音、语速、语调等方面的知识。此外,教师可以通过音频的形式,向学生播放英语新闻、播客等,帮助学生了解英语的实际应用场景,提高学生的实际应用能力。

再次,教师可以通过图片的形式,向学生展示英语词汇、语法、文化等方面的知识。图片具有直观性、生动性、易于理解等特点,可以帮助学生更好地理解和记忆课程内容。此外,教师可以通过图片的形式,向学生展示英语的实际应用场景,帮助学生更好地理解英语的实际应用价值。

最后,教师可以通过文本的形式,向学生提供英语语法、词汇、阅读材料等。文本具有系统性、完整性、易于查找等特点,可以帮助学生更好地掌握课程内容。此外,教师可以通过文本的形式,向学生提供英语阅读材料、写作素材等,帮助学生提高英语阅读和写作能力。

（3）课后固学。在数字智能化时代的高校英语微课教学中,课后固学是非常重要的一环。课后固学可以采用多种方式进行。例如,学生可以通过在线学习平台自主学习,完成相关的练习和测试,查看学习记录和成绩,以及与同学互动交流。学生还可以利用教材、参考书、网络资源等进行自主学习,如查找资料、制作笔记、进行思维导图等。

此外,教师也可以通过布置课后作业、作业批改、学习反馈等方式来帮助学生巩固知识。教师可以针对学生的学习情况,布置一些具有针对性的作业,帮助学生巩固和加深对课程内容的理解和掌握。同时,教师也可以通过作业批改和反馈,了解学生的学习情况,及时发现问题并给予指导和建议。

第三节　高校英语混合式教学

混合式学习是一种将传统的面对面教学与在线学习相结合的教育模式,旨在为学生提供更加灵活、高效、个性化的学习体验。在这种模式下,学生可以利用在线学习资源自主学习,也可以参加传统的面对面课堂进行互动和交流。混合式学习不仅能够提高学生的学习兴趣和参与度,还可以帮助学生更好地掌握知识和技能。

一、高校英语教学中应用混合式学习的重要性

（一）有利于打破传统教育藩篱

在数字智能化时代,高校英语混合式教学成了一种新的教育模式,

它有利于打破传统教育藩篱,为学生提供更加灵活、便捷和高效的学习方式。

数字智能化时代的高校英语混合式教学可以打破传统教育的地域限制。传统的英语教学往往需要学生在固定的时间和地点参加课堂教学,而数字智能化时代的高校英语混合式教学则可以通过网络平台进行教学,学生可以在家中通过电脑、手机等设备随时随地进行学习。这种方式不仅方便了学生的学习,也使得教育资源被更加充分地利用,促进了教育公平。

数字智能化时代的高校英语混合式教学可以打破传统教育的教学方式。传统的英语教学往往采用单一的教学方式,如教师讲解、学生听讲、学生练习等,而数字智能化时代的高校英语混合式教学则可以采用多种教学方式,如在线视频、在线互动、在线模拟等,这种方式可以激发学生的学习兴趣,提高学生的学习效果。

数字智能化时代的高校英语混合式教学可以打破传统教育的教学内容限制。传统的英语教学往往只注重语法、词汇、阅读等基础知识的教授,而数字智能化时代的高校英语混合式教学则可以教授更加丰富的教学内容,如口语、听力、写作、翻译等,这种方式可以提高学生的英语综合能力,满足学生的多元化学习需求。

数字智能化时代的高校英语混合式教学可以打破传统教育的评价方式。传统的英语教学往往采用考试成绩作为评价标准,而数字智能化时代的高校英语混合式教学则可以采用多种评价方式,如在线测试、作业评分、课堂表现等,这种方式可以更加客观、全面地评价学生的学习效果,促进学生的全面发展。

(二)有利于促进英语教学发展

混合式教学模式是一种将传统教学和在线学习相结合的教学方式,可以为学生提供更加灵活、个性化的学习体验。通过混合式教学,教师可以更好地满足学生的学习需求,提高教学效果。

混合式教学可以提高学生的学习兴趣和参与度。传统的课堂教学方式往往比较单一,学生容易感到枯燥和无聊,而混合式教学可以通过在线学习、小组讨论等方式,让学生更加主动地参与到学习中来,提高学生的学习兴趣和参与度。

混合式教学可以提高学生的自主学习能力和合作能力。在混合式教学过程中,学生需要自主安排学习时间和学习内容,同时也需要与小组成员合作完成一些学习任务。这种自主学习和合作学习的方式,可以培养学生的自主学习能力和合作能力,为他们的未来职业生涯做好准备。

混合式教学可以提高教师的教学效果和教学质量。通过混合式教学,教师可以更好地了解学生的学习情况和需求,从而更好地调整教学内容和教学方式,提高教学效果。同时,混合式教学也可以让教师更好地利用各种教学资源,提高教学质量。

（三）有利于实现学生自主学习

数字智能化时代高校英语混合式教学有利于实现学生自主学习,具体表现在以下几个方面。

1. 个性化学习

传统的教学方式往往是以班级为单位进行教学,而数字智能化时代的高校英语混合式教学可以实现个性化学习。学生可以根据自己的学习进度和学习习惯,选择适合自己的学习方式和学习时间,例如在线学习、自主学习、小组讨论等。这样不仅可以提高学生的学习效率,也可以让学生更好地掌握学习内容,提高学习兴趣和动力。

2. 互动性学习

数字智能化时代的高校英语混合式教学可以实现互动性学习。学生可以通过网络平台进行交流、分享和讨论,与同学互动、交流学习心得和经验,有利于形成良好的学习氛围。此外,教师也可以通过网络平台与学生进行实时互动,解答学生的疑问,提供学习指导和建议,提高学生的学习效果。

3. 自主管理

数字智能化时代的高校英语混合式教学可以实现自主管理。学生可以通过网络平台自主管理自己的学习进度和学习计划,调整学习内容和时间,监控自己的学习效果,以及评估自己的学习成果。这样不仅可以提高学生的自主学习能力,也可以培养学生的自我管理能力和自我约束能力。

4.智能化评估

数字智能化时代的高校英语混合式教学可以实现智能化评估。教师可以通过网络平台收集学生的学习数据和反馈,对学生的学习情况进行分析和评估,提供个性化的学习建议和指导。此外,学生也可以通过网络平台对自己的学习情况进行评估和反馈,及时发现自己的不足和问题,进行改进和提高。

(四)有利于丰富英语教学内容

在数字智能化时代,高校英语混合式教学已经成了教学改革的重要方向。混合式教学结合了传统教学和在线教学的优势,能够更好地满足学生的个性化需求,同时也能够丰富英语教学内容。

混合式教学可以为学生提供更加丰富的学习资源。传统的英语教学往往局限于教材和课堂讲解,而混合式教学则可以通过网络平台提供大量的英语学习资源,如英语电影、英语音乐、英语新闻等。这些资源不仅能够拓宽学生的视野,还能够激发学生的学习兴趣,提高学生的学习效果。

混合式教学可以为学生提供更加灵活的学习方式。传统的英语教学往往需要按照固定的时间和地点进行,而混合式教学则可以通过网络平台提供灵活的学习方式,如在线学习、自主学习等。这些学习方式不仅能够满足学生的个性化需求,还能够提高学生的学习效率。

混合式教学可以为学生提供更加全面的英语学习体验。传统的英语教学往往只注重语法和词汇的掌握,而混合式教学则可以通过网络平台提供更加全面的英语学习体验,如口语练习、写作练习、听力练习等。这些学习体验不仅能够提高学生的英语水平,还能够培养学生的英语思维能力。

二、高校英语教学中混合式学习的应用

（一）打造翻转课堂，设计微课

随着数字智能化时代的到来，高校英语教学也正在经历一场翻天覆地的变革。传统的教学模式已经无法满足现代学生的学习需求，因此，如何利用数字智能化技术，打造翻转课堂，设计微课，成为当下高校英语教育改革的热点话题。

那么，如何打造翻转课堂，设计微课呢？首先，教师需要对课程内容进行重新设计，改变传统的知识传授方式，让学生在家自主学习新知识。其次，教师需要设计微课，将课堂教学内容进行细分，每个微课时长较短，内容相对简单，学生可以随时随地地学习。在设计微课的过程中，教师需要考虑到学生的学习特点和需求，要能够激发学生的学习兴趣，提高学生的学习效果。

（二）挖掘素材，整合文化资源

挖掘素材是指在教学过程中，教师需要发掘和利用各种教学资源，如文本、图片、音频、视频等，来丰富教学内容，提高教学效果。在高校英语教学中，挖掘素材可以采用多种方式，如搜集英语语言素材、整合国内外文化资源等。

整合文化资源是指在教学过程中，教师需要将不同文化背景下的语言知识、文化传统、风俗习惯等整合起来，以提高学生的跨文化交际能力。在高校英语教学中，整合文化资源可以采用多种方式，如开设跨文化交际课程、组织文化交流活动等。

挖掘素材和整合文化资源在高校英语混合式教学中是非常重要的环节。通过挖掘素材，教师可以丰富教学内容，提高教学效果；通过整合文化资源，教师可以提高学生的跨文化交际能力，培养学生的全球视野。

（三）建立智能学习平台，拓展教学空间

在数字智能化时代的高校英语混合式教学中，建立智能学习平台、拓展教学空间是非常重要的一环。

建立智能学习平台可以为学生提供更加便捷、高效的学习方式。智能学习平台是一种基于人工智能技术的教学平台，可以为学生提供个性化学习、智能推荐、在线互动、学习记录等功能。学生可以通过智能学习平台自主学习、自主管理、自主评价，从而提高学习效率和质量。智能学习平台还可以为教师提供智能化的教学管理工具，包括课程管理、成绩管理、学生管理等功能，教师可以通过智能学习平台更加便捷地管理教学，提高教学效果。

拓展教学空间可以为学生提供更加广阔的学习体验。在数字智能化时代高校英语混合式教学中，教师可以利用智能学习平台为学生提供丰富的学习资源，包括视频、音频、文本、图片等，学生可以通过智能学习平台自主选择学习资源，自主安排学习时间，自主进行学习评价。此外，教师还可以利用智能学习平台为学生提供更多的学习场景，比如在线交流、在线讨论、在线实验等，这些场景可以为学生提供更加丰富的学习体验，提高学生的学习兴趣和积极性。

（四）整合多媒体与白板，构建综合课程体系

在整合多媒体与白板的基础上，构建综合课程体系，是实现高校英语混合式教学的关键。

整合多媒体与白板，可以让学生更加直观地理解教学内容。多媒体教学手段包括 PPT、视频、音频等，可以将抽象的概念形象化，让学生更加容易地理解教学内容，而白板则可以让学生更加主动地参与课堂，通过互动和讨论加深对知识的理解和记忆。整合多媒体与白板，可以让学生更加全面地理解教学内容，提高学习效果。

构建综合课程体系，可以将不同的学科知识整合在一起，让学生更加全面地掌握知识。在高校英语混合式教学中，可以结合英语语法、听力和口语、阅读和写作等方面，构建综合课程体系。通过综合课程体系，学生可以更加全面地掌握英语知识，提高英语水平。

在构建综合课程体系的过程中,需要注意以下几点。

(1)课程体系要符合学生的学习特点和需求,不能过于繁琐,也不能过于简单。

(2)课程体系要有一定的逻辑性,各个学科知识之间要有一定的联系和关联。

(3)课程体系要注重实践性,让学生在实践中学习,提高学生的实际应用能力。

(4)课程体系要注重创新性,让学生在课程中感受到创新的魅力,提高学生的创新能力和思维能力。

(五)构建线上线下综合评价体系

线上线下综合评价体系需要包括多个方面的评价指标,例如,在线学习的参与度、学习成果、互动交流、自主学习等。这些指标需要通过定量和定性相结合的方式进行评价,以确保评价结果的客观性和公正性。

在线学习的参与度是评价学生在线学习情况的重要指标之一。这可以通过学生在在线学习平台上的活动记录、在线讨论的参与度、在线作业的完成情况等来衡量。这些数据可以通过系统自动收集和分析,以客观地评价学生的在线学习情况。

学习成果是评价学生学习成果的重要指标之一。这可以通过学生在英语水平测试、英语写作、英语口语等方面的表现来衡量。这些测试和评估可以采用在线或线下的方式进行,以保证评价结果的客观性和公正性。

互动交流是评价学生在线学习过程中的社交互动情况的重要指标之一。这可以通过学生在在线学习平台上的互动交流记录、在线讨论的质量、在线协作的完成情况等来衡量。这些数据可以通过系统自动收集和分析,以客观地评价学生的互动交流情况。

自主学习是评价学生自主学习情况的重要指标之一。这可以通过学生在自主学习平台上的学习记录、自主学习任务的完成情况、自主学习成果的评价等来衡量。这些数据可以通过系统自动收集和分析,以客观地评价学生的自主学习情况。

三、混合式教学的活动设计

（一）在线教学活动

1. 教学活动安排

课程以为期一天的面对面课程开始,学生有机会与在线教学导师或面授教师见面。导师检查小组成员的知识掌握情况,提出学习目标,讨论要学习的重要的知识和任务,将通过电子邮件、聊天和视频会议进行的互动。每周在学员和教师之间进行两次一小时的互动或课堂教学,以巩固知识。为了确保效率,要处理的主题是预先确定。在线教学安排在某周的某个知识单元的教学计划中,根据教学需要,拟安排学生单独或组合完成以下几种学习活动:点播授课视频、阅读材料、专题讨论、问卷调查或平台支持的其他在线教学活动形式。

2. 自主学习

在线教学可以突破时间和空间的限制,使学生与名师之间的距离更近,也更容易邀请专家远程参与。通过网络,客座专家能够直接参与到课堂活动中来,他们的专业水平可能高于授课教师,能给学生带来更大的启发性。在"面授加网络"的混合式教学模式下,学生应充分利用网上教学资源,自主学习,拓宽自我学习的视野。学生在进行自主学习的过程中,应该注意以下三点:(1)学生可以以自己的个性特点和发展需求为依据,在自学内容方面有较大的选择空间,构建能够满足自身需求的知识体系;(2)学生可以根据自身的实际情况,灵活地调整自己的学习进度和学习方式,寻找适合自身特点的学习策略;(3)在自主学习中,学生要使自身的主体性得到充分的体现,要能够自我控制、自我评价。

3. 视频直播

有研究发现,越是喜欢面对面的课堂的学生,他们就越不能够尝试其他的学习形式。网络教学可以是实时交互式教学,也可利用网络课件进行,其内容主要是选修课程、专题讲座、项目设计指导等。网络补充教学与面授导入教学要做好衔接,分而不乱,相互协调。利用高清摄像头、宽带网络和多屏触摸板等配置,远程同步教学平台可以让身处不同地区的教师和学生在物理教室环境中实现和面对面效果一样的实时互动。通过混合同步网络课堂,可以实现并超越真实物理课堂的效果,真正实现物理空间和虚拟空间的融合,利用课堂活动和在线平台建立起相互答疑和评价的互助机制。基于网络教学平台的自主学习,学生容易产生孤独、焦虑感以及各种学习障碍,导致情绪紧张,焦虑度过高,阻碍学习的顺利进行。心理咨询可以帮助了解学生的思想动态,发现问题,解决问题,消除疑虑,给予学生坚持学业的信心,也可以在远程直播平台上开辟相关主题的论坛,学生之间通过帖子交流,相互鼓励,以营造轻松友好的学习氛围,感受彼此的支持,增强学习动力。目前,远程直播平台的人际互动越来越富有情趣和娱乐性,使更多的学生乐于在平台上互相沟通和支持。

4. 在线答疑

网上教学适合一对一、一对多同步和异步视音频互动,还可以以论坛的形式实现多对多的同步和异步的文本互动交流。每个专题的教学活动完成后,要及时进行总结测试,可以要求学生画概念图或做专题网站,也可以通过测验、考试或口头报告等形式组织成绩评定。通常,这个阶段如果采用命题考试等规范化的评价方式,并在导入阶段告知学生,往往可以对学生积极参与学习活动产生更好的督促作用。

5. 社区氛围营造

社交场所设计的目的是创造一种信任和开放交流的氛围,这种氛围将支持互动并产生质疑倾向。混合学习设计的作用在于人们可以设计面对面的活动,为社交活动奠定基础,而网络学习活动将在支持合作活动中维持社会存在。从在线社交的角度来看,学生总是与他们的社区保持虚拟联系,但是他们在电脑前是一个独立的人,所以,学生表现出的社会存在质量不如面对面的课堂环境。然而,在线体验可以保持和增强群体凝聚力、协作感和支持感——这揭示了混合体验对于建立和维持社区感的价值。

探究需要信任和支持的课堂伙伴。气氛营造对于面对面和异步在线教学环境都很重要。在面对面的环境中,在挑战想法和进行批评性讨论时,存在着相当大的的风险。在在线教学环境中,一些学生可能会感到不那么压抑,这是因为在线通信的异步性质,个人独自坐在电脑前不受限制。虽然在线交流比面对面交流更开放,但必须尊重社区成员。

（二）基于学生黏度的学习活动设计

混合学习活动设计面临的重要任务是提高学生黏度,让学生能够积极主动地坚持学习完网上课程。加里森采用了格拉德威尔（Gladwell）理解流行引爆点的三项法则:个别人物法则、黏度法则和情境法则,认为混合式学习需要一个可持续的、有激励的严格计划——这是主要的"黏度因素"。教室需要变得更加开放,学习空间需要变得更加灵活,混合式学习因为现实世界和虚拟世界的混合而实质上是黏性的,整合这些元素对于"黏度"至关重要。明确目的是由面对面和在线社区互补实现的,是一个至关重要的设计和黏性因素。混合式学习通过自我反思和社会性对话吸引学生的注意力。黏度是对与课程目的直接相关的感兴趣的主题的有意义的投入。在线教学关注理念和新概念与知识结构的构建,保持黏性的挑战是怎么通过真实社区和虚拟社区的充分整合来维持反思和对话。正是这种社会性协作和自我反思的统一,才使得混合式学习环境变得独特。混合式学习活动的形式要能够让学生在轻松、有趣的氛围下主动地建构知识。

1. 常规性检查

常规性检查属于常规性的学生活动。学生已经知道的知识通常指的是最基本的基础知识,这一部分的知识是一般学生都已经掌握的,因此,在课前简单、快速地组织一下检查活动就可以了,根本不需要花费太多的时间,更不需要教师再讲解一遍。实际上,这种活动也可以安排在课前让学生提前自主完成。

2. 概括与提炼

概括与提炼属于学生个体的探究活动。对于那些学生暂时不懂但自己看教材可以懂的内容,教师完全没有必要马上进行分析与解释,而是要为学生个体提供足够的时间进入教材去阅读与思考,在此基础上再让学生尝试进行概括与提炼。学生开始不懂的内容不等于经过有效的活动后还不懂,所以教师要懂得有舍才有得。教师舍去的是一点课堂使用时间,而学生得到的是理解。

3. 讨论与交流

讨论与交流属于学生的探究性、合作性活动。什么是学生不懂、看教材也不懂,但通过合作学习可以弄懂的内容,即对于那些学生个体真正不懂的难题,那么就需要组织讨论与交流活动了。讨论的过程就是分析问题和解决问题的过程。由于学生个体思维、学习背景的差异,因此很有必要通过讨论与交流来探究与智慧分享。充分利用学生资源,最大限度地挖掘学生的潜力是高效学习策略的重要体现。

4. 讲授与阐明

讲授与阐明是教师主导的活动。对于某些确实超出了学生现阶段理解能力的难题,就必须通过教师来进行讲授与阐明。因为学生并不是万能的,特别是某些专业知识或专业术语并非学生可以理解和解释的,只有通过教师的帮助才能解决问题。当然,对这样的难题,教师应该有一个理性的准确判断。

5. 活动设计与示范

活动的设计与示范是指教师的示范性活动加学生的实践活动。有些理论性比较强或者比较抽象的知识,即使教师讲了学生也不可能完全明白,这时就可以采用实践活动的形式,通过活动设计或者示范让学生逐步地理解这些知识,从而使他们彻底领悟。这种活动具有很强的实践性,学生只有将动脑与动手结合起来,才能逐渐感悟和理解。

以上 5 种不同教学活动的层次性是非常清晰的,不同能力要通过不同的活动来获得。学生始终是课堂活动的主体,教师主要是起主导作用。课堂大部分的时间都是在教师的指导下再由学生来支配的。毫无疑问,学生参与的活动越多,其收获就越大;反之,教师控制的时间越多,学生的收获就越少。

对于提高混合式课程设计的学生黏度,尚需更多的实践探索。在混合式教学过程中,教师还要根据实际情况灵活调整,并通过网上交流等其他方式为学生提供及时指导。总之,教师需要合理地混合两种学习环境,对于那些通过自主学习难以掌握的内容,在教室中面对面地讨论或小组汇报是比较有效的;而自主学习活动中,师生互动则应逐渐减少,任务的难度则应逐渐增加,并为学生留出逐步适应的时间。

第四节　高校英语翻转课堂教学

一、翻转课堂在高校英语教学中应用的优势

（一）增加师生互动,树立自主学习意识,激发学生学习兴趣

在数字智能化时代的高校英语翻转课堂教学中,增加师生互动、树立自主学习意识、激发学生学习兴趣是非常重要的。以下将从三个方面进行详细论述。

传统的教学模式中,教师通常是课堂的主导者,而学生则是被动的接受者。而在翻转课堂中,教师的角色发生了改变,成为学生学习的指导者和引导者,学生则成了课堂的主体,需要主动参与到学习中来。因此,教师需要与学生进行更多的互动,如可以在课堂中提问、讨论、交流等,这样能够激发学生的学习兴趣,提高学生的学习积极性。同时,教师还需要根据学生的学习情况和反馈,及时调整教学策略,提高教学效果。

传统的教学模式中,学生往往需要按照教师的安排进行学习,而翻转课堂则强调学生的自主学习。学生需要根据自己的学习进度和能力,制定学习计划,并按照计划进行学习。同时,学生还需要在课堂外进行自主学习,例如通过网络、图书馆等渠道获取学习资源,提高自己的学习能力和水平。因此,教师需要帮助学生树立自主学习的意识,并提供相应的支持和帮助,以提高学生的学习效果。

传统的教学模式中,学生容易对学习感到枯燥乏味,而翻转课堂则强调激发学生的学习兴趣。教师可以通过多样化的教学手段,例如使用多媒体、游戏、案例分析等,来吸引学生的注意力,提高学生的学习兴

趣。同时,教师还需要根据学生的兴趣爱好,选择相应的教学内容,以提高学生的学习积极性和学习效果。

（二）增加实践机会,实现因材施教,加强学校重视程度

高校英语翻转课堂教学是一种全新的教学模式,它将传统的教学方式转变为以学生为中心、注重实践的教学方式。在这个模式下,教师可以将教学内容提前发布给学生,以便学生自主学习。同时,教师可以通过增加实践机会,实现因材施教,提高学生的学习效果。

增加实践机会可以提高学生的学习兴趣和积极性。在传统的教学方式中,学生通常是被动地接受知识,而在翻转课堂中,学生可以通过自主学习来掌握知识,从而提高学习兴趣和积极性。教师可以通过设计一些实践活动,如模拟对话、角色扮演等,来提高学生的实践能力和语言表达能力。这些实践活动不仅可以帮助学生巩固所学知识,还可以提高学生的学习兴趣和积极性,从而更好地提高学生的学习效果。

实现因材施教可以更好地满足学生的个性化需求。在传统的教学方式中,教师通常采用"一刀切"的方式,即按照班级整体水平来安排教学内容,而在翻转课堂中,教师可以根据学生的个体差异来调整教学内容,更好地满足学生的个性化需求。例如,教师可以根据学生的英语水平来调整教学难度,从而更好地促进学生的学习效果。

加强学校重视程度可以更好地促进翻转课堂的推广和发展。在传统的教学方式中,学校往往重视传统的课堂教学,忽视了翻转课堂这种新型教学模式,而在数字智能化时代,学校可以通过加强重视程度来促进翻转课堂的推广和发展。例如,学校可以加强翻转课堂的课程设计和教学内容建设,从而更好地满足学生的学习需求。同时,学校还可以加强翻转课堂的教学效果评估,从而更好地促进翻转课堂的推广和发展。

二、翻转课堂的应用原则

（一）任务驱动原则

在数字智能化时代的高校英语翻转课堂教学中，任务驱动原则是非常重要的一项教学原则。这一原则强调学生在完成任务的过程中，主动参与、积极思考、自我管理和合作交流，从而实现学习目标。具体来说，任务驱动原则可以分为以下几个方面。

1.明确任务目标

在任务驱动教学中，教师需要明确任务的目标和意义，使学生能够明确自己需要完成的任务，并知道任务的重要性和紧迫性。任务目标应该具体、明确、可衡量、可实现、有挑战性并且与课程内容和教学目标相符合。

2.创设任务情境

教师需要为学生创设一个真实的、有意义的学习情境，使学生能够在情境中感受到任务的紧迫性和重要性。情境应该与课程内容和学生的实际生活相符合，能够激发学生的兴趣和动力，促进学生主动参与学习过程。

3.设计任务活动

教师需要设计一系列的任务活动，使学生能够在完成任务的过程中，不断思考、探索、实践和反思。任务活动应该具有挑战性、趣味性、互动性和合作性，能够激发学生的思维和创造力，促进学生之间的交流和合作。

4.提供任务支持

教师需要为学生提供必要的任务支持，包括任务指导、资源支持、反馈和评价等。任务支持应该具有及时性、针对性和有效性，能够帮助学生解决在任务中遇到的问题和困难，促进学生的学习和发展。

5.监控任务完成

教师需要对学生的任务完成情况进行监控和评估,及时发现和解决学生在任务完成过程中出现的问题和困难。监控和评估应该具有客观性、公正性和有效性,能够促进学生的学习和发展,提高教学效果。

(二)教学内容多元化原则

在数字智能化时代,高校英语翻转课堂教学已经成了教育界的一种创新模式。这种教学模式强调教学内容多元化,旨在为学生提供更加丰富、全面的学习体验。教学内容多元化原则是指在翻转课堂中,教师需要根据学生的学习需求和兴趣,设计出多样化的教学内容,以提高学生的学习兴趣和参与度。

教学内容应该注重实用性。在翻转课堂中,学生需要通过自主学习来掌握知识,因此教学内容应该具有实用性,能够帮助学生解决实际问题。例如,教师可以设计一些实用的英语口语练习活动,如角色扮演、情景对话等,让学生在模拟真实语言环境中练习口语,提高口语表达能力。

教学内容应该注重互动性。翻转课堂强调学生的主体地位,因此教学内容应该具有互动性,能够激发学生的学习兴趣和积极性。例如,教师可以设计一些小组讨论、案例分析等活动,让学生在小组合作中共同解决问题,提高学生的团队协作能力。

教学内容应该注重创新性。在翻转课堂中,教师需要不断创新教学内容,以适应学生的学习需求和兴趣。例如,教师可以利用网络资源、多媒体技术等手段,设计一些生动、有趣的英语教学内容,激发学生的学习兴趣。

教学内容应该注重个性化。翻转课堂强调个性化教育,因此教学内容应该具有个性化,能够满足学生的个性化学习需求。例如,教师可以根据学生的学习进度、学习风格等个性化因素,设计出不同的教学内容,以满足学生的个性化需求。

三、翻转课堂在高校英语翻译教学中的应用

(一)优化教学手段,提升学生对英语翻译的学习兴趣

传统的教学方式往往让学生感到枯燥无味,而数字智能化技术的应用则能够有效提升学生的学习兴趣和积极性。

在线教学平台和移动设备等工具可以为学生提供更加便捷的学习途径。例如,教师可以在教学平台上发布教学资料和作业,学生可以随时随地查看和学习。同时,移动设备的应用也能够为学生提供更加灵活的学习方式,例如,学生可以在公交车上或者休息时间通过手机应用进行学习。

数字智能化技术可以提供更加丰富的教学内容。例如,教师可以利用多媒体工具,为学生展示各种翻译实例和翻译技巧,帮助学生更好地理解和掌握翻译技能。同时,教师也可以利用网络资源,为学生提供更多的翻译案例和参考资料,帮助学生更好地提高翻译水平。

数字智能化技术能够模拟真实的翻译场景,让学生更好地练习翻译技能。例如,教师可以利用在线翻译平台为学生提供翻译任务,学生可以在规定时间内完成翻译任务,并通过平台进行评价和交流。这样,学生可以更好地提高自己的翻译技能。

(二)巧用课前预习,提高学生自学意识和学习效率

在数字智能化时代的高校英语翻转课堂教学中,巧用课前预习是一种非常重要的教学方法,可以帮助学生提高自学意识和学习效率。具体来说,教师可以通过以下几个方面来利用课前预习提高学生的学习效果。

1. 激发学生的学习兴趣

在翻转课堂中,教师可以将课前预习作为激发学生学习兴趣的重要手段。教师可以设计一些有趣的活动,例如让学生选择一个主题,通过查找相关的资料来完成一篇小文章,或者让学生通过观看视频来了解一

些英语文化背景等。这些活动可以帮助学生更好地理解课程内容,从而提高他们的学习兴趣。

2.提高学生的自学能力

在翻转课堂中,教师可以通过课前预习来提高学生的自学能力。教师可以为学生提供一些相关的学习资源,例如文章、视频、音频等,让学生在课前自主学习这些内容。这样可以帮助学生更好地掌握课程内容,从而提高他们的自学能力。

3.提高学生的学习效率

在翻转课堂中,教师可以通过课前预习来提高学生的学习效率。教师可以为学生提供一些相关的学习资源,例如文章、视频、音频等,让学生在课前自主学习这些内容。这样可以帮助学生在课堂上更好地理解和掌握课程内容,从而提高他们的学习效率。

(三)课内课外相结合,推进学生开展英语翻译训练

随着数字智能化时代的到来,高校英语教学也进入了全新的阶段。传统的教学模式已经无法满足现代社会对英语人才的需求,因此,我们需要借助数字化技术,将英语教学翻转过来,以适应新时代的要求。其中,课内课外相结合的翻转课堂教学模式,是一种非常适合当前高校英语教学的方法。

课内课外相结合的翻转课堂教学模式,可以将课堂内的知识传授和课外实践相结合,让学生在课堂上接受知识的同时,也能够通过实践来巩固所学。比如,在英语翻译训练方面,教师可以在课堂上讲解翻译的基本技巧和方法,然后让学生在课后进行实际的翻译练习。这样,学生不仅能够在课堂上掌握翻译的基本知识,还能够通过实践来提高自己的翻译能力。

课内课外相结合的翻转课堂教学模式,还可以提高学生的学习兴趣、积极性和教学效果。传统的教学模式,往往都是以教师为中心,学生被动接受知识,而在翻转课堂教学模式下,学生可以在课前自主学习,课堂内则可以进行讨论和互动,这种学习方式能够激发学生的学习兴趣,提高他们的学习积极性。

（四）创新教学观念，有效运用翻转课堂教学模式

翻转课堂教学模式颠覆了传统的教学方式，将教学的重心从教师转向了学生。在传统的教学模式中，教师是课堂的主导者，学生是被动接受知识的对象，而在翻转课堂教学模式中，教师成了指导者和引导者，学生则成了学习的主体和主动者。这种转变使得学生在学习过程中更加主动、更加积极，从而提高了学习的效果。

翻转课堂教学模式有效地利用了数字智能化技术，为教学带来了全新的体验。传统的教学方式中，教师需要花费大量的时间和精力来准备教学材料，而翻转课堂教学模式则可以通过网络平台，将教学材料以数字化的形式呈现给学生，从而大大节约了教师的时间和精力。此外，翻转课堂教学模式还可以通过网络平台进行实时的教学反馈和评价，使得教师可以更加及时地了解学生的学习情况，从而更好地指导学生。

翻转课堂教学模式具有很强的可操作性和实用性。传统的教学方式中，教学内容往往比较单一，难以满足学生的个性化需求，而翻转课堂教学模式则可以通过网络平台，为学生提供更加丰富的学习资源，从而满足学生的个性化需求。此外，翻转课堂教学模式还可以通过网络平台进行教学互动和交流，使得学生可以在学习过程中进行互相交流和分享，从而更好地促进学生的学习和发展。

四、翻转课堂在高校英语听力教学中的应用

（一）高校英语听力教学中翻转课堂模式的运用策略

1. 听前准备

在数字智能化时代，高校英语翻转课堂教学已经成了教育领域的一大趋势。这种教学模式将传统的课堂模式进行了颠覆性的改变，通过线上教学资源的整合和利用，让学生可以随时随地进行自主学习，从而提高学习效果。在翻转课堂教学中，听前准备是至关重要的一环，它直接

关系到学生能否顺利地开展学习活动。

首先,听前准备包括了解听力材料的基本信息。在翻转课堂教学中,教师需要提前为学生提供听力材料,学生需要在听前对材料进行充分的了解。这包括了解材料的来源、作者、主题、背景等信息,以便更好地理解材料内容。同时,学生还需要了解材料的语言特点,如口音、语速、词汇等,以便更好地适应听力材料。

其次,听前准备还包括预习听力材料。在听前,学生可以提前预习听力材料,了解材料的主要内容和结构,这有助于学生在听时更好地理解材料。预习可以通过阅读材料、查看注释、分析图表等方式进行。这样,学生在收听时可以更有针对性地关注重点内容,提高学习效果。

此外,听前准备还包括熟悉听力材料的语言风格。不同类型的听力材料有不同的语言风格,如新闻报道、商务对话、学术论文等。学生在听前需要熟悉这些语言风格,以便更好地适应听力材料。这可以通过阅读相关材料、参加语言培训等方式进行。

最后,听前准备还包括调整心态,积极应对听力挑战。在翻转课堂教学中,学生需要在听前进行充分的准备,但同时也需要保持积极的心态,勇敢地面对听力挑战。这包括调整自己的期望值,避免因为过高期望而产生的焦虑,以及相信自己的能力,积极面对听力材料中的难点和挑战。

2. 听中阶段

听中阶段是英语翻转课堂教学中的重要环节,它主要是让学生在课堂上听英语听力材料,通过听力训练来提高学生的英语听力和理解能力。在这个过程中,教师需要引导学生正确地听和理解听力材料,以达到翻转课堂的效果。

首先,教师需要选择合适的听力材料。这些材料应该与课堂主题相关,并且难度应该适中,不能太简单也不能太复杂。此外,教师还应该注意听力材料的语言风格和语速,以确保学生能够理解和听懂。

其次,教师需要引导学生正确地听和理解听力材料。在这个过程中,教师可以给学生提供一些听力技巧,例如注意听力材料的主题和结构、注意听力材料中的关键词和短语、注意听力材料中的口音和语速等。此外,教师还应该鼓励学生积极思考,对听力材料中的内容进行理解和分析。

最后,教师还需要在听中阶段中给学生提供一些反馈和指导。例如,教师可以给学生提供一些听力练习,帮助他们巩固听力技巧、拓展听力范围、提高听力水平。

3. 听后阶段

在高校英语翻转课堂教学中,听后阶段是非常重要的一部分,可以帮助学生巩固和拓展听力的能力。听后阶段可以采取多种形式,比如小组讨论、个人思考、听写练习等。

小组讨论是一种非常适合听后阶段的活动,可以让学生在交流中分享自己的理解和感受。教师可以提供一些主题或者问题,让学生分组讨论,并在讨论结束后,让每组代表进行汇报。这种活动可以激发学生主动思考的积极性,加深他们对听力材料的理解和记忆。

个人思考也是一种有效的听后阶段活动。教师可以让学生独立思考,对听力材料进行分析和总结。这种活动可以帮助学生培养独立思考的能力,并加深他们对听力材料的理解和记忆。

听写练习是一种非常基础的听后阶段活动,可以帮助学生巩固和拓展听力的能力。教师可以让学生听录音,然后让他们根据录音内容进行听写。这种活动可以帮助学生提高听写能力,加深他们对听力材料的理解和记忆。

除了上述活动,教师还可以采用其他方式来拓展学生的听力能力。比如,教师可以播放一些听力材料,然后让学生进行听写或者讨论。教师也可以让学生自己选择听力材料,然后进行听写或者讨论。这种活动可以激发学生的学习兴趣,帮助他们更好地理解和记忆听力材料。

(二)高校英语听力翻转课堂模式的讨论与反思

1. 分类指导,增加教师干预

在数字智能化时代,高校英语翻转课堂教学的实施需要分类指导,增加教师干预。分类指导可以帮助教师更好地针对学生的学习特点和需求,进行个性化的教学。增加教师干预,则可以保证翻转课堂的顺利进行,提高教学效果。

在翻转课堂中,学生需要自主完成学习任务,而教师的角色则从传统的知识传授者转变为指导者和促进者。教师需要根据学生的学习特点和需求,提供个性化的教学。例如,对于学习基础较好的学生,教师可以提供更加深入和具有挑战性的学习材料;对于学习基础较弱的学生,教师可以提供更加简单和基础的学习材料。这样,学生可以根据自己的能力水平选择适合自己的学习材料,从而提高学习的积极性和效果。

在翻转课堂中,学生需要自主完成学习任务,但是如果没有教师的干预,可能会出现一些问题。例如,有些学生可能会因为缺乏自律而无法完成学习任务,有些学生可能会因为学习材料难度过大而无法理解。因此,教师需要及时介入,给予学生指导和帮助。例如,教师可以定期查看学生的学习进度,对于学习困难的学生,可以提供额外的学习材料和指导,帮助学生克服困难。同时,教师还可以通过在线交流平台,与学生进行交流,解答学生的疑问,提供学习建议。

在翻转课堂中,学生需要自主完成学习任务,但是如果没有教师的干预,可能会导致学习效果不佳。因此,教师需要及时介入,给予学生指导和帮助,保证学习效果。例如,教师可以通过定期检查学生的学习成果,了解学生的学习情况,从而调整教学策略,提高教学效果。同时,教师还可以通过在线交流平台,与学生进行交流,了解学生的学习需求和反馈,从而更好地指导学生的学习。

2. 及时调整,把握翻转次数

在数字智能化时代的高校英语翻转课堂教学中,及时调整翻转次数是非常重要的。翻转课堂是一种新兴的教学模式,它将传统的课堂学习过程进行了翻转,即学生在家完成部分学习任务,而教师在课堂上进行指导、互动和评估。这种教学模式为学生提供了更多的自主学习空间,同时也要求教师能够灵活地调整教学策略,以适应学生的学习需求。

在翻转课堂中,翻转次数的调整是非常关键的。翻转次数过多,可能会导致学生在课前已经掌握了大部分学习内容,课堂上就显得缺乏动力和兴趣;而翻转次数过少,则可能导致学生在课堂上无法充分参与学习,学习效果不佳。因此,教师需要根据学生的学习情况,灵活地调整翻转次数。

首先,教师需要了解学生的学习情况。教师可以通过观察学生的课堂表现、课后作业完成情况以及测试成绩等,了解学生的学习进度和掌握程度。如果学生在课前已经掌握了大部分学习内容,那么教师可以减少翻转次数,更多地进行课堂指导和互动,以提高课堂效果。反之,如果学生在课堂上表现得较为被动,那么教师可以增加翻转次数,以激发学生的学习兴趣。

其次,教师需要根据教学目标和内容进行调整。不同的教学目标和内容,需要不同的翻转次数。例如,对于一些理论性较强的课程,教师可以适当减少翻转次数,更多地进行课堂讲解和讨论,而对于一些实践性较强的课程,教师可以增加翻转次数,以让学生有更多的机会进行实践操作。

此外,教师还需要根据学生的学习习惯和偏好进行调整。不同的学生有不同的学习习惯和偏好,教师需要根据这些因素,灵活地调整翻转次数。例如,有些学生更喜欢自主学习,那么教师可以适当减少翻转次数,让他们更多地进行自主学习,而有些学生更喜欢互动学习,那么教师可以增加翻转次数,以提高课堂互动效果。

五、数字智能化时代基于"SPOC+ 小课堂"的大学英语翻转课堂教学设计

(一)"SPOC+ 小课堂"大学英语翻转课堂教学模式

1. "线上自主学习"简介

在数字智能化时代,高校英语教学正在经历一场翻天覆地的变革。传统的教学模式已经无法满足现代学生的学习需求,因此,线上自主学习作为一种全新的教学模式应运而生。

线上自主学习是指学生在互联网环境下,通过各种数字资源进行自主学习,不受时间和地点的限制。这种学习方式的优势在于,学生可以根据自己的进度和需求进行学习,提高学习效率。同时,线上自主学习也方便了教师的管理,教师可以随时了解学生的学习情况,为学生提供及时的指导和帮助。

在高校英语教学中,线上自主学习的方式主要有两种:一是通过在线教学平台进行教学,如慕课、网络课堂等;二是通过数字化教材进行教学,如电子书、在线字典等。这两种方式都有其独特的优势,可以根据学生的需求进行选择。

在线教学平台是一种新型的教学方式,它将教学资源数字化,学生可以在任何时间、任何地点进行学习。这种方式的优点在于可以打破时间和空间的限制,为学生提供更加灵活的学习方式。同时,在线教学平台还可以提供丰富的学习资源,如视频、音频、文章等,学生可以根据自己的需求进行选择和学习。

数字化教材也是一种重要的教学资源,它将传统的纸质教材转化为电子教材,方便学生进行阅读和学习。数字化教材的优点在于,可以节省大量的纸张资源,保护环境。同时,数字化教材还可以提供更多的学习资源,如注释、参考文献等,学生可以更加深入地理解教材内容。

2. "线上协助学习"简介

随着数字智能化时代的到来,高校英语教育也在不断地进行改革和创新。其中,翻转课堂作为一种全新的教学模式,已经在许多高校得到了广泛的应用,而"线上协助学习"则是翻转课堂中的一种辅助手段,它通过网络平台,为学生提供更多的学习资源和交流渠道,帮助学生更好地完成学习任务。

"线上协助学习"是指利用网络平台,为学生提供一系列的学习资源和交流工具,帮助学生在课前、课中和课后进行自主学习和协作学习。这些资源和工具包括在线视频、电子书籍、学习笔记、在线讨论、在线测验等。学生可以通过这些资源和工具,自主安排学习时间,完成学习任务,并与同学进行交流和协作。

"线上协助学习"的主要优点在于它为学生提供了更多的学习资源和交流渠道,可以帮助学生更好地完成学习任务。例如,学生可以通过在线视频学习英语语法和词汇,可以通过电子书籍阅读英语文章,可以通过学习笔记记录重要知识点,可以通过在线讨论与同学交流和讨论问题,可以通过在线测验检验学习效果。

此外,"线上协助学习"还可以提高学生的学习效率和自主学习能力。通过利用网络平台,学生可以随时随地进行学习,不受时间和地点的限制。同时,学生也可以根据自己的学习进度和能力,自主安排学习时间和学习内容,提高学习效率。此外,学生还可以通过"线上协助学习"平台,与同学进行交流和协作,学习更多的知识和技能,提高自主学习能力。

3."线下实践学习"简介

在数字智能化时代,高校英语翻转课堂教学已成为一种越来越受欢迎的教学模式,其中,"线下实践学习"是这种教学模式的重要组成部分。线下实践学习是指学生在课堂之外进行实践性学习,如通过口语练习、写作练习、听力训练等方式来提高英语能力。

线下实践学习可以帮助学生更好地掌握英语知识。在课堂上,学生可以听取教师的讲解,但只有通过实践练习才能真正掌握英语语言的运用。线下实践学习可以让学生在不同的情境下练习英语口语和写作,从而提高语言的实际运用能力。

线下实践学习可以激发学生的学习兴趣。传统的教学模式往往比较枯燥,学生容易失去学习兴趣,而线下实践学习则可以让学生在实践中体验到英语学习的乐趣,激发学生的学习兴趣和动力。

线下实践学习可以促进学生的交流和合作。在实践中,学生可以与其他同学一起合作完成任务,如进行口语练习、写作练习等。这样可以促进学生的交流和合作能力,培养学生的团队意识。

线下实践学习还可以帮助学生更好地了解英语文化。通过实践练习,学生可以更好地了解英语国家的文化、习惯、价值观等,从而提高自己的跨文化交际能力。

4."移动学习"简介

随着科技的飞速发展,移动学习作为一种新兴的学习方式,已经越来越受到人们的关注。移动学习,顾名思义,就是利用移动设备(如手机、平板电脑等)进行学习。相较于传统的课堂教学,移动学习具有诸多优势,如便捷性、灵活性、个性化等。

移动学习具有很强的便捷性。在数字智能化时代,人们的生活节奏越来越快,时间变得越来越宝贵。移动学习使得学习者可以随时随地进行学习,无需受时间和空间的限制。无论是在公交车上、地铁里,还是在公园里散步,只要有网络,就可以进行学习。这种便捷性大大提高了学习者的学习效率,使学习变得更加轻松。

移动学习具有很高的灵活性。传统的课堂教学往往需要按时上课、按时完成作业,而移动学习则打破了这些限制,学习者可以根据自己的时间安排,自由选择学习的时间和地点。这样,学习者可以更好地平衡学习和工作、学习和生活,使学习变得更加灵活。

移动学习具有很强的个性化特点。在移动学习平台上,学习者可以根据自己的兴趣和需求,选择不同的学习内容和学习方式。同时,移动学习还可以根据学习者的学习进度和效果,实时调整学习计划,使学习更加个性化。

然而,移动学习也存在一些局限性。首先,移动学习的质量可能会受到影响。由于学习者可能无法集中注意力,或者受到外部干扰,导致学习效果不佳。其次,移动学习的安全性也需要引起重视。学习者在使用移动设备进行学习时,可能会遇到网络安全问题,如信息泄露、病毒感染等。因此,学习者需要增强自己的网络安全意识,防范网络安全风险。

(二)"SPOC+小课堂"大学英语翻转课堂教学模式的应用

1. 加强"SPOC+小课堂"教学模式的认知

在数字智能化时代,高校英语翻转课堂教学模式已经逐渐成了一种趋势。在这种教学模式下,学生可以在课前通过网络平台自主学习教材内容,而在课堂上则可以与教师和其他同学进行互动和讨论。这种教学模式不仅能够提高学生的学习效果,还能够有效地提高教学效率。

"SPOC+小课堂"教学模式是将"SPOC"(Subscription-based Online Courses,即基于订阅的在线课程)与"小课堂"(Small Classroom,即小型的课堂互动活动)相结合的一种教学模式。在这种模式下,学生可以通过订阅在线课程的方式获得学习资源,并在小课堂中与教师和其他学生进行互动交流。这种教学模式不仅能够提高学生的学习效率,还能够激发学生的学习兴趣和动力。

加强"SPOC+小课堂"教学模式的认知是数字智能化时代高校英语翻转课堂教学中的重要环节。SPOC是一种基于网络平台的学习模式,学生可以通过这种模式自主学习教材内容,并在学习过程中遇到问题时可以向教师和其他同学寻求帮助。而小课堂则是一种基于课堂互动的教学模式,学生可以在课堂上与教师和其他同学进行互动和讨论,从而更好地理解和掌握教材内容,提高学习效果和教学效率,激发学习兴趣。

2. 组建"SPOC+ 小课堂"教学模式团队

在数字智能化时代高校英语翻转课堂教学中,组建"SPOC+ 小课堂"教学模式团队是至关重要的。这一团队需要由教师、学生和其他相关方面的人员组成,以确保教学模式的成功实施。以下是一些组建这一团队的关键步骤:

（1）确定团队成员。确定团队成员,包括教师、学生和其他相关方面的人员。教师需要担任团队领导,负责协调团队成员的工作;学生可以作为团队成员,提供反馈和建议,帮助改进教学模式;其他人员,如教育技术专家,可以提供技术支持和指导。

（2）明确目标。在组建团队之后,需要明确团队的目标。团队的目标应该与教学模式的目标相一致,以确保团队的工作能够有效地实现教学目标。

（3）分配任务。在明确目标之后,需要将任务分配给团队成员。教师需要负责设计课程内容和教学材料,学生可以协助教师进行课程设计和制作,教育技术专家可以负责技术支持和指导。

（4）定期沟通。在团队成员开始工作之后,需要定期沟通以确保团队工作的顺利进行。可以通过线上会议、电子邮件、即时通信等方式进行沟通。定期沟通可以帮助团队成员协调工作,解决遇到的问题,并及时调整工作计划。

（5）监控和评估。在教学模式实施过程中,需要对团队工作进行监控和评估。可以通过收集反馈、分析数据、评估效果等方式来评估团队工作的效果。这可以帮助团队及时发现问题并采取措施进行改进。

3. 明确"SPOC+ 小课堂"教学模式主体

在数字智能化时代,高校英语翻转课堂教学模式不断升级和优化,其中"SPOC+ 小课堂"教学模式已经成了主流趋势。这种教学模式的主体是学生,强调学生的自主学习和个性化发展。下面,我们将详细论述"SPOC+ 小课堂"教学模式主体,以及其在高校英语翻转课堂教学中的应用。

在"SPOC+ 小课堂"教学模式中,学生是教学的主体。他们可以通过在线课程获得学习资源,并在小课堂中与教师和其他学生进行互动交流。这种教学模式强调学生的自主学习和个性化发展,能够让学生更加主动地参与学习过程,提高学习效果。同时,教师也能够在小课堂中与学生进行互动交流,了解学生的学习情况,为学生提供更加个性化的教学服务。

在高校英语翻转课堂教学中,采用"SPOC+小课堂"教学模式可以有效地提高学生的学习效率和兴趣。通过订阅在线课程的方式,学生可以随时随地方便地获取学习资源,提高学习效率,而在小课堂中,学生可以与教师和其他学生进行互动交流,增强学习的互动性和趣味性。此外,教师还可以通过小课堂了解学生的学习情况,为学生提供更加个性化的教学服务。

4. 反思"SPOC+小课堂"教学模式

在反思"SPOC+小课堂"教学模式时,我们可以看到它的一些优点:首先,这种教学模式可以有效地提高学生的学习积极性和自主学习能力,同时也为教师提供了更加便捷的教学管理方式;其次,小课堂的设计和组织可以根据学生的需求和兴趣进行,从而提高学生的学习兴趣和参与度。然而,这种教学模式也存在一些不足,例如,它需要教师具备较高的教学设计和组织能力,同时也需要学生具备较高的自主学习能力和参与度。此外,这种教学模式还需要教师具备较强的信息技术应用能力,以保证教学的顺利进行。

(三)"SPOC+小课堂"大学英语翻转课堂教学的重要性

1. 有助于英语知识的内化

在数字智能化时代,高校英语翻转课堂教学已经成了教育领域的一种新趋势。这种教学模式的出现,不仅为学生提供了更多的学习方式,同时也为教师提供了更多的教学手段。在这样的背景下,英语知识的内化成了高校英语翻转课堂教学中的一个重要问题。那么,如何通过翻转课堂教学来促进英语知识的内化呢?

英语知识的内化是指学生将所学英语知识转化为自己的语言能力,从而能够运用所学知识进行有效的沟通和交流。在这个过程中,学生需要深入地理解和掌握所学知识,从而形成自己的语言思维方式。

在翻转课堂教学中,教师会将教学内容进行数字化处理,并通过网络平台进行教学资源的分享。学生则可以在课前自主学习教学内容,并在课堂上进行深入的讨论和交流。这种教学模式可以有效地促进学生对英语知识的内化。

具体来说,翻转课堂教学可以通过以下几个方面来促进英语知识的内化:

第一,翻转课堂教学可以提高学生的学习兴趣。在传统的教学模式中,学生通常需要被动地接受教师所传授的知识,而在翻转课堂教学中,学生可以在课前自主学习教学内容,并在课堂上进行深入的讨论和交流。这种教学模式可以激发学生的学习兴趣,从而促进英语知识的内化。

第二,翻转课堂教学可以提高学生的学习效率。在传统的教学模式中,学生通常需要花费大量的时间和精力来理解和掌握教学内容,而在翻转课堂教学中,学生可以在课前自主学习教学内容,并在课堂上进行深入的讨论和交流。这种教学模式可以提高学生的学习效率,从而促进英语知识的内化。

第三,翻转课堂教学可以促进学生的思维发展。在传统的教学模式中,学生通常只能被动地接受教师所传授的知识,而在翻转课堂教学中,学生可以在课前自主学习教学内容,并在课堂上进行深入的讨论和交流。这种教学模式可以促进学生的思维发展,从而促进英语知识的内化。

2.有助于语言知识的构建

数字智能化技术可以帮助学生更好地掌握语言知识。在传统的教学方式中,学生需要通过阅读教科书、参加课堂讨论等方式来学习语言知识,而在翻转课堂中,学生可以通过数字智能化技术来学习语言知识。例如,学生可以通过在线视频、语音识别软件、语言学习应用程序等方式来学习语言知识。这些数字智能化技术的应用可以帮助学生更加深入地学习语言知识,并且可以让学生更加自由和灵活地学习语言知识。

数字智能化技术可以帮助学生更好地掌握语言技能。在传统的教学方式中,学生需要通过参加课堂练习、模拟对话等方式来提高语言技能,而在翻转课堂中,学生可以通过数字智能化技术来提高语言技能。例如,学生可以通过在线语音识别软件、语言学习应用程序、语言练习游戏等方式来提高语言技能。这些数字智能化技术的应用可以帮助学生更加高效地提高语言技能,并且可以让学生更加自由和灵活地学习语言技能。

数字智能化技术可以帮助学生更好地掌握语言文化。在传统的教学方式中,学生需要通过阅读教科书、参加课堂讨论等方式来了解语言文化,而在翻转课堂中,学生可以通过数字智能化技术来了解语言文化。例如,学生可以通过在线视频、语言学习应用程序、语言文化博客等方式来了解语言文化。这些数字智能化技术的应用可以帮助学生更加深入地了解语言文化,并且可以让学生在更加自由的环境中了解语言文化。

3. 有助于学生英语语言能力的培养

在传统的英语教学模式中,教师通常会采用传统的教学方法,如讲解、讲解、练习等。这些方法虽然能够帮助学生掌握英语语法、词汇等基础知识,但是对于提高学生的语言实际应用能力却显得有些不足,而翻转课堂则可以有效地解决这个问题。

在翻转课堂模式下,教师可以提前将教学内容制作成视频、PPT 等形式的数字化资源,让学生在课前自主学习。这样,教师就可以在课堂上更多地关注学生的语言实际应用能力的培养。

在翻转课堂中,教师可以采用多种教学方法,如小组讨论、角色扮演、情景模拟等,来帮助学生提高语言实际应用能力。这些方法可以帮助学生更好地掌握英语语言的实际应用,提高学生的语言实际应用能力。

此外,翻转课堂还可以帮助学生更好地掌握英语语言的听、说、读、写四个方面的能力。教师可以设计多种形式的听、说、读、写练习,让学生在课前自主学习,从而更好地掌握英语语言的听、说、读、写四个方面的能力。

4. 促进学生的英语学习兴趣

在数字智能化时代高校英语翻转课堂教学中,如何提高学生的英语学习兴趣是一个重要的问题。以下是一些可能的解决方案:

(1)利用数字化教学资源。数字化教学资源包括在线视频、音频、电子书籍、电子白板等。这些资源可以提供更加生动、互动性强的学习体验,帮助学生更好地理解和掌握知识。例如,教师可以利用在线视频、音频等资源,让学生在家里自主学习,然后通过网络平台与同学互动交流。

（2）利用社交媒体。社交媒体已经成为人们日常生活中不可或缺的一部分,因此,教师可以利用社交媒体来促进学生的英语学习兴趣。例如,教师可以在社交媒体上发布与英语学习相关的文章、图片、视频等,吸引学生的注意力,并鼓励他们积极参与学习。

（3）利用游戏化学习。游戏化学习是一种通过游戏机制来促进学习的方法。在英语翻转课堂教学中,教师可以利用游戏化学习来提高学生的学习兴趣。例如,教师可以设计一些与英语学习相关的游戏,如英语词汇接龙、英语听力练习等,让学生在游戏中学习英语。

（4）利用合作学习。合作学习是一种通过团队合作来促进学习的方法。在英语翻转课堂教学中,教师可以利用合作学习来提高学生的学习兴趣。例如,教师可以将学生分成小组,让他们共同完成一些英语学习任务,如翻译一篇英语文章、制作一张英语海报等。

（5）利用个性化学习。个性化学习是一种根据学生的学习风格、兴趣和能力来制定学习计划的方法。在英语翻转课堂教学中,教师可以利用个性化学习来提高学生的学习兴趣。例如,教师可以根据学生的学习风格和能力,为他们提供个性化的学习资源和学习方式。

第四章

数字智能化时代高校英语教育的方法优化

数字智能化时代下的英语教育面临着挑战和机遇,我们需要根据数字智能化时代的特点,采用更加灵活和个性化的教学方式,来满足学生的学习需求,提高英语教育质量。

第一节　数字智能化时代高校英语任务教学法

数字智能化时代高校英语任务教学法（TBLT）是一种以任务为导向的教学方法，旨在通过实践任务来提高学生的英语能力。这种方法强调学生的参与和互动，鼓励他们在完成任务的过程中主动探索和学习。在 TBLT 中，教师会设计各种真实的任务，例如观看英语电影、阅读英语文章、编写英语邮件等，让学生在完成这些任务的过程中自然地接触和学习英语。同时，教师也会提供必要的支持和指导，帮助学生克服困难，提高他们的英语水平。此外，TBLT 还注重学生的个性化学习。教师可以根据学生的英语水平和学习需求，设计不同难度的任务，让每个学生都能在适合自己的水平上得到提高。总之，数字智能化时代高校英语任务教学法（TBLT）是一种以任务为导向、注重实践和个性化学习的教学方法，可以有效地提高学生的英语能力和实际应用能力。

一、任务型教学的定义

任务型教学（Task-based Language Teaching，TBLT）是一种以任务为导向的语言教学法，它的核心理念是让学生通过实际的语言应用来学习语言，而不仅仅是通过语法和词汇的学习。任务型教学法强调学生的主动性和积极参与，鼓励学生在完成任务的过程中，不断思考、探索、发现和解决问题，从而提高他们的语言能力和语言应用能力。

任务型教学法的基本思想是让学生在完成任务的过程中，将语言知识和技能应用到实际情境中，从而提高他们的语言能力。这种教学法注重学生的自主性和参与性，鼓励学生主动探索、发现和解决问题，而不是被动地接受知识。在任务型教学法中，学生通过完成各种任务，如解决问题、完成项目、模拟对话等，来提高他们的语言能力和语言应用能力。

任务型教学法的主要特点包括：

（1）强调学生的自主性和参与性。任务型教学法注重学生的主动性和积极参与,鼓励学生自主探索、发现和解决问题,从而提高他们的语言能力。

（2）注重实际应用。任务型教学法强调将语言知识和技能应用到实际情境中,让学生在完成任务的过程中,不断提高语言能力和语言应用能力。

（3）强调合作与交流。任务型教学法鼓励学生合作与交流,让学生在完成任务的过程中,不断提高语言能力和语言应用能力。

（4）注重评价与反馈。任务型教学法注重评价与反馈,让学生在完成任务的过程中,不断反思、总结和提高语言能力和语言应用能力。

任务型教学法是一种注重实际应用、强调学生自主性和参与性、注重合作与交流、注重评价与反馈的语言教学法,它能够有效地提高学生的语言能力和语言应用能力。

二、任务型教学法在高校英语口语教学中的应用

（一）课前任务阶段

在任务型教学中,课前任务阶段是非常重要的一环。在这一阶段,教师会为学生提供一些任务,让学生在课前进行自主学习和准备。这些任务通常与课程内容相关,并且需要学生在课堂上完成。

在课前任务阶段,教师可以提供一些资源,例如词汇表、语法练习、听力材料等,帮助学生更好地准备任务。同时,教师也可以为学生提供一些指导和建议,例如如何组织思路、如何使用语言表达自己的观点等。

在课前任务阶段,学生需要进行自主学习和准备。他们可以利用图书馆、互联网等资源来收集相关信息,并且可以通过小组讨论、个人练习等方式来巩固和拓展自己的知识。在这个过程中,学生可以提高自己的英语语言技能,并且也可以增强自主学习能力。

在课前任务阶段,教师需要对学生的学习情况进行监督和指导。教师可以定期与学生进行交流,了解学生的学习进度和困难,并提供必要

的帮助和支持。同时,教师也可以根据学生的学习情况来调整教学计划和方法,以更好地满足学生的学习需求。

（二）课堂任务阶段

在数字智能化时代,高校英语任务教学法（TBLT）得到了广泛的应用。这种教学法强调学生在任务完成过程中自主探究、合作学习、解决问题,从而提高学生的语言能力和综合素质。课堂任务阶段是TBLT教学法中最为关键的环节,它能够帮助学生将所学知识应用到实际场景中,提高学生的语言应用能力和实践能力。

在课堂任务阶段,教师会根据教学目标和学生的学习需求,设计各种形式的任务,如听力理解、口语表达、阅读理解、写作等。这些任务能够帮助学生将所学知识应用到实际场景中,提高学生的语言应用能力和实践能力。例如,在听力理解任务中,教师会为学生提供一段音频,学生需要根据音频内容回答相关问题。这种任务能够帮助学生提高听力理解能力,同时也能够锻炼学生的语言表达能力。

在口语表达任务中,教师会为学生提供一个话题,学生需要根据话题内容进行口语表达。这种任务能够帮助学生提高口语表达能力,同时也能够锻炼学生的思维能力和表达能力。在阅读理解任务中,教师会为学生提供一篇阅读材料,学生需要根据材料内容回答相关问题。这种任务能够帮助学生提高阅读理解能力,同时也能够锻炼学生的语言表达能力。

（三）课后任务阶段

在英语教学过程中,课后任务阶段是一个非常重要的环节。在这个阶段,学生可以巩固课堂所学的知识和技能,并且可以进一步拓展自己的语言能力。在数字智能化时代,高校英语任务教学法（TBLT）的课后任务阶段可以通过以下几个方面来提高学生的语言能力和学习效果。

1. 利用数字化资源

数字化资源是数字智能化时代的一大优势,包括各种在线教学平台、电子书籍、音频和视频等多种形式。教师可以利用这些数字化资源来布置课后任务,例如,让学生阅读一本英文书籍,并回答相关问题。这样不仅可以提高学生的阅读能力,还可以帮助学生更好地理解和掌握英语知识。

2.利用交互式学习

交互式学习是一种新型的学习方式,它可以通过在线讨论、小组任务等方式来促进学生之间的交流和互动。教师可以利用这种学习方式来布置课后任务,例如,让学生组成小组,完成一项任务,并通过在线讨论来交流自己的想法和意见。这样不仅可以提高学生的语言表达能力,还可以培养学生的团队协作能力和沟通能力。

3.利用游戏化学习

游戏化学习是一种将游戏元素融入学习过程中的学习方式,可以提高学生的学习兴趣和积极性。教师可以利用这种学习方式来布置课后任务,例如,让学生完成一项任务,并通过游戏化的方式来激励学生完成任务。这样不仅可以提高学生的学习效果,还可以让学生在完成任务的过程中享受到学习的乐趣。

4.利用个性化学习

个性化学习是一种以学生为中心的学习方式,可以根据学生的学习兴趣和需求来制定学习计划。教师可以利用这种学习方式来布置课后任务,例如,根据学生的学习进度和水平,布置相应的任务,并给予个性化的指导和支持。这样不仅可以提高学生的学习效果,还可以让学生感受到学习的价值。

三、任务型教学法在高校英语语法教学中的应用

(一)任务型教学法应用在高校英语语法教学中的优势和策略

任务型教学法有助于提高学生的学习兴趣和动机。与传统的语法翻译教学相比,任务型教学法更注重实际应用,使学生在完成任务的过程中自然地学习语法知识。这种教学方法以任务为导向,激发学生的学

习兴趣,使他们更加主动地参与课堂活动,从而提高学习效果。

任务型教学法有助于提高学生的语法运用能力。在任务型教学法中,教师会设计各种实际场景,让学生在这些场景中运用所学语法知识解决问题。这种教学方法使学生在解决实际问题的过程中,加深对语法知识的理解和运用,提高语法运用能力。

任务型教学法有助于培养学生的跨文化交际能力。在任务型教学法中,教师会设计涉及不同国家文化的任务,让学生在完成任务的过程中,了解和尊重不同文化背景的人。这种教学方法有助于提高学生的跨文化交际能力,使他们能够更好地适应全球化背景下的英语学习需求。

任务型教学法有助于提高学生的自主学习能力。在任务型教学法中,教师会为学生提供充分的学习资源和自主学习的机会,让学生在完成任务的过程中,培养自主学习的能力,使他们能够在未来的学习和生活中学以致用。

(二)基于任务型教学法的高校英语语法教学创新对策

1.遵循任务设计原则,保证任务教学法应用的有效性

在高校英语语法教学环节运用任务型教学法,必须遵循任务设计原则,这样才能保证设置出来的学习任务科学合理且具有较强的可操作性,反之,则会让学生感受到学习压力,难以高效完成学习任务。基于此,应遵循真实性原则、形式与功能性原则、连贯性原则与分层式差异化原则,科学设置学习任务。首先,真实性原则指的是在布置英语语法学习任务时,为了帮助学生更好地掌握所学知识,并将知识自觉应用于生活实际,应尽量采用源于现实生活的学习任务。让学生将课堂所学知识践行于生活实际,来检验自己对知识的掌握程度,拉近学生与英语之间的距离。形式与功能原则指的是在布置学习任务时,应切记不可脱离语境与语言功能,要保证学生在完成学习任务过程中,能够将抽象的语言形式与具体语境相结合,来帮助学生掌握大量语言信息和语法知识,形成一定的知识运用能力。再次,遵循连贯性原则,要求教师在设置语法学习任务时,可以以一个主题为大任务,围绕这一主题设置多个小任务,引导学生以小组合作学习方式相互配合完成多个小任务。在设置多个小任务时,应注意任务与任务之间的联系,既要检验学生完成不同任

务的能力,还要注重任务间的顺序,保证学生能够顺利完成学习任务。最后,遵循分层式差异化原则,指的是教师在布置学习任务时,应紧密结合学生知识储备、学习水平、个性特点等具体差异情况,布置分层次、差异化的学习任务。遵循梯度递进教学理念,由简到难增加学习难度,来减轻学生学习压力,提高其任务完成效率。

2. 布置课前预习任务,有效提升学生自主学习能力

布置课前预习任务,有利于让学生利用课下时间通过自主预习知识点提前掌握和理解本节课所需要讲解的新课知识点,从而节省课堂知识讲解时间,留出更多时间开展互动式教学活动。首先,需要英语专业教师紧密结合语法教学内容与新课知识中的重点和难点,将其提炼出来制作成 5—10 分钟左右的多媒体课件,通过网络平台发送给学生,引导学生按照教师制作好的教学课件进行自主预习语法知识点。其次,为了保证学生课前预习的有效性,驱动学生自主投入新课知识点的预习环节,可通过在教学课件中布置相应探索式的学习任务,引导学生将任务完成,并将成果保留,到课堂中递交给教师,供教师点评检查其课前预习成效,了解学生学习水平。

此外,还要引导学生根据教师所布置的学习任务要求,通过网络收集相关知识点材料。可通过阅读涉及相关知识点的专著、文献、视频等,整理更多理论知识与言语材料,为完成学习任务开展课堂学习活动奠定坚实基础。

3. 布置多种课堂任务,推进语法教学模式改革创新

(1)信息扩展式任务。此种类型的语法任务要求学生运用自身基础类的语法知识点,将教师提供的有限信息进行扩展、重组和丰富,来培养学生发散性思维能力与知识运用能力。此种学习任务的特点在于教师为学生提供的学习素材、知识、信息和材料都比较匮乏,语法特征较少甚至全无,主要是凭借学生自己对知识的理解以及以往知识储备量来自主探索学习答案。

信息扩展式任务具有较强的探索性,对于激发学生学习兴趣具有一定作用。例如,在布置"Tourists advised to stay out of Bangkok"这一学习任务时,需要英语专业教师提前给学生准备好一系列摘自英文报刊中的新闻标题,要求学生根据这一标题进行信息扩展,对新闻标题进行

完整的语言概述,完善新闻初始段落。在此过程中,英语专业教师可通过利用信息技术制作与该标题有关的教学视频,视频中为学生提供少许提示,来帮助学生指明方向,为学生创设良好的学习情境。然后,要求学生按照标题所提示的有限信息,结合教学视频中的信息,凭借自身对时事的了解及知识储备完成学习任务。当学生完成学习任务后,应引导学生以小组合作的学习方式,交换、对比、点评各自作品,并与教师提供的报刊原文进行分析对比,分析自己在使用语法时与原文存在的差异,了解自身存在的不足之处并及时纠正,来进一步提升学生英语语法水平。

(2)段落重建式任务。布置段落重组式学习任务,可通过从教学内容或其他资源中摘选经典段落,将段落打散分解,再要求学生将教师分解后的语法语句重组,改写成一个更加自然、流畅的语句,来增强学生语法学习水平和掌握能力。在具体实践中,首先需要英语专业教师深入解读课本教学内容中的重点,然后围绕教学重点,通过网络平台搜索与之相适应的经典语句,经过打散和分解制作成学习任务。要求学生以小组合作的学习方式,围绕教师所布置的学习任务展开交流、探讨,并各自分配学习任务,搜索与学习任务有关的资料和素材,在小组合作学习下探索段落重组的主要方法。其次,在指导学生完成段落重组的学习任务的过程中,应要求学生思考如何改变原本段落中的语法特征,如主动语态转为被动语态,或选择陈述用意来比较、思考原文语法使用目的及意图,来帮助学生明确学习方向,突出语法使用中学习者自主选择的理念,促使学生使用不同语法展开积极思考,加深学生对所学知识、语言特点、风格及语法的了解和掌握。最后,当每个小组完成学习任务后,应当由小组成员选出代表在课堂中进行演讲,将演讲内容制定成PPT的形式,以全英文演讲方式将学习任务的完成过程、各个环节及最终成果有机结合起来,阐述每个学习小组的任务完成思路,交流彼此的经验和看法,这样有利于打开学生学习思路和视野。

4.布置课后拓展任务,进一步丰富学生的知识储备

布置课后学习任务,不仅有利于实现对课堂教学内容的有效延伸,还可加深学生对课堂所学知识的理解和掌握,进一步丰富学生的知识储备,锻炼学生的知识运用能力。在此环节中,需要英语专业教师紧密结合教学目标、教学内容与教学重点知识点,合理布置课后家庭作业,作业难度分为简单、中等、难度3个层次,作业任务所涉及的能力层次应分

为知道、理解与应用3个层次。在具体设计过程中,需要紧密结合学生个体差异情况,注意由浅入深、梯度递进,逐渐增加作业难度,除了要让学生高效率、高质量地完成作业,还需要培养学生举一反三、触类旁通的良好学习能力。同时,还可通过布置课外阅读作业,为学生分享一些英语报刊、读物、杂志、短剧及经典影片,要求学生摘抄课外读物中的经典段落,按照自己的理解和想法写作一篇小短文,并将完成的作业上传至网络平台,供其他学生观看和点评。以上做法有利于丰富学生知识储备,增强其语法运用能力。

第二节 高校英语产出导向法

一、产出导向法简介

"产出导向法"(Production-Oriented Approach,POA)是以"输出驱动假设"为原型而提出的[①],其中"产出"对应英文 production,既包括输出(output)的说和写,还包括口译和笔译;在强调产出过程(producing)的同时也强调了产出结果(product)。POA 的理论体系包括"教学理念""教学假设"和"教学流程"三个部分,它们的关系如图 4-1 所示。

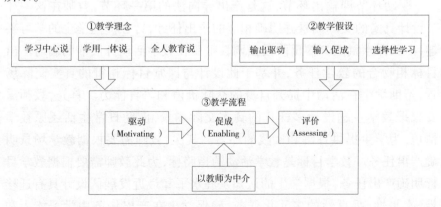

图 4-1 POA 理论体系

① 文秋芳.毕争.产向导出法与任务教学法的异同评述[J].外语教学,2020,41(01):41

由图 4-1 可知,教学流程设计基于一定的教学理念而展开。POA 的教学理念包括"学习中心说""学用一体说"以及"全人教育说"三个部分,强调教学要以帮助学生有效学习为中心;教学活动与运用紧密相连,学生能够将所学知识转化为产出能力,运用到日常交际中;帮助学生实现思辨能力、自主学习能力和综合文化素养等人文性目标。

POA 的教学流程包含三个阶段:驱动(motivating);促成(enabling);评价(assessing)。例如,对于英语口语课程教学而言,"驱动"阶段要求教师在上课前创设情景让学生进行口语产出,刺激学生生成学习动力和兴趣,接着教师阐明教学目标与任务;在"促成"阶段,教师主要起着中介作用,依据学生口语水平提供输入材料供学生选择性学习;"评价"阶段包括即时和延时两种:明确评价标准后,教师在课堂上进行即时评价,针对学生的口语表达情况给出一定的肯定和建议,对学生课后任务中的口语表达情况给出延时评价和相关建议。

二、产出导向法在高校英语教学中的应用

本部分以《新生代英语》基础课程 1 中的 Unit 2 It's raining hard 为例,分析产出导向法理论的具体应用策略。

(一)驱动环节:明确产出任务,设计真实的交际场景

驱动环节即输出环节,这是产出导向法的第一环节,教师在这一环节设计真实的交际场景并明确相应的产出任务,旨在提高学生的学习兴趣,活跃课堂氛围。输出阶段强调教师要在教学活动开展前明确与产出目标相吻合的教学任务,并基于此设计与课堂目标相符的真实交际场景,帮助学生在活动中提升自身的交际价值和语言能力。首先,教师需要根据教学主题设计多样化的真实交际场景,借助日常生活还原教学情境,为学生提供理解和实践的环境。其次,教师需要根据教学场景明确产出任务。教学目标是教学活动的指路标,为此教师需要根据教学目标明确产出任务,根据学生的认知发展水平和最近发展区设计具有迁移性、水平性、垂直性的多元化任务,确保学生在产出任务中学习能力和语言技能能够不断提升。

教师在阅览完毕本单元的教材内容后可以得知,本单元的教学主题

为"Weather",主要的教学目标是学生能够运用英语"现在进行时"流畅准确地描述某一地域的生活环境。为此,教师需要以产出导向法理论作为指导,明确本单元的产出任务:(1)结合本校所在地区的气候环境,引导高校学生运用现在进行时描述本市常见的天气情况。(2)以"A weather forecast"为题引导学生开展写作活动。在交际场景上,教师可以以具体教学时的天气情况为题开展本节课的教学内容,这一活动主题与学生的实际生活相联系,学生能够很快地融入教学情境中,以此激发学生的学习兴趣和交流的积极性,活跃课堂氛围。同时,真实性的交际场景更能发挥出产出导向法的学用一体说理念,加强英语语言教学与学生日常生活实践的联系,提升高校学生的英语职业核心素养,具体教学活动安排如下。

【教学活动】

Unit 2 It's raining hard 这一单元可以分为4次课,8个课时来完成。在 Unit 2 It's raining hard 第一课时中,教师可以在 Lead-in 时抛出第一个产出任务:结合本校附近的生活环境,联想生活中常见的天气现象。同时教师可以借助教材中的"Vocabulary Builder"和"Show time—It's raining hard"两个板块,引导学生运用本单元的词汇或短语简明地表达自己的意见和看法。另外,在明确产出任务后,教师可以进一步询问学生家乡的天气情况,进一步活跃课堂氛围。通过以上两个产出任务能够提高学生对所处城市环境的关注和兴趣,从而提高课堂教学质量和效率。

在 Unit 2 It's raining hard 第二课时中,主要借助"Reading—Fun facts on British Weather"和"Chat Time—Do you mind if I borrow your umbrella?"两个板块,教师可以运用中西环境对比的方法,在 reading 部分中提出第三个产出任务:你喜欢什么天气?为此你需要付出什么样的努力?通过这一产出问题,一方面能够发挥学生的主体地位,让学生展开联想,培养学生的英语核心素质;另一方面,融入英语课程思政环节,提高学生的思想道德水平,培养学生节约资源、保护环境的意识。Unit 2 It's raining hard 第三课时中的教学资源由"Writing—A weather forecast"和"Grammar—Present continuous tense"两部分组成。教师在带领学生学习完教材范文后可以提出产出任务:以"A weather forecast"为题写作文。通过明确产出任务,提高学生的学习注意力,鼓励学生熟练掌握英语知识和写作技巧。在 Unit 2 It's raining hard 第四课时中,教师可以针对写作这一方面的产出任务进行评价并向学生展示优秀作品,供学生参考和借鉴。

(二)促成环节:设计多元化教学任务,转变传统教学模式

促成阶段也就是课堂活动开展的核心环节,这一阶段需要教师合理使用多元化的教学材料,对学生的听、说、读、写、译五大基础能力进行训练,引导学生完成教学任务,提升学生的英语学习水平。在产出导向法理论中的促成环节,需要教师围绕多元化的课堂活动进行展开,通过输出环节中的产出任务,活跃学生的学习思路,拓展学生的理解能力,从而推动学生听、说、读、写、译能力的全面提升。

面对较复杂的产出任务时,教师可以将产出任务分为不同的子任务。这里需要教师科学设置子任务,由浅入深、由易到难,循序渐进地引导学生开展教学活动,最大限度地提高学生的学习参与度,具体教学活动安排如下。

【教学活动】

在"Vocabulary Builder"和"Show time—It's raining hard"部分,教师可以根据教材中的图片和音频材料,设计 9 个子任务,其中教师可以将子任务由易到难、由浅入深地分解,层层递进地帮助学生理解词汇、短语和句式,让学生在"学中练""用中学",加强语言输出与知识输入之间的紧密性。

在"Reading—Fun facts on British Weather"和"Chat Time—Do you mind if I borrow your umbrella?"活动中,教师可以将本地区的天气情况与英国的天气进行对比,让学生了解本地与英国地区的气候差异。同时教师可以在学生完成第一个产出任务后组织学生开展小组讨论活动,得出本小组最喜欢的天气情况,为后续"A weather forecast"写作活动奠定基础。

在"Writing—A weather forecast"和"Grammar—Present continuous tense"部分,教师可以先带领学生理解教材范文的结构、内容,再运用填空、补充词句等方式引导学生熟记重点短语和重点词汇,然后教师可以运用问答法拟写范文的结构框架,最后教师可以带领学生进行句型的仿写。通过上述多个子任务能够实现对写作基础的输入与输出练习,最终完成写作这一产出任务。

（三）评价环节：选择性评价与终结性评价相结合，把握教学方向

评价阶段则是指教师对学生的课堂活动进行选择性评价和终结性评价，以帮助学生全方位了解自身的学习情况。评价环节是指在教学活动中教师运用选择性评价和终结性评价对学生的学习情况进行及时或延时性的反馈，并将评价成绩纳入期末平时分中。例如，教师可以在学生回答问题后进行选择性评价，及时引导学生了解自身的优缺点；教师也可以对学生在子任务中出现的典型问题进行终结性评价，即教师需要总结学生的整体问题并加以分析，最终为学生提供具体的优化策略。教师运用多元评价教学方式能够有效提高学生的学习积极性，为英语课堂教学提质增效，具体教学活动安排如下。

【教学活动】

在"Vocabulary Builder"和"Show time—It's raining hard"的9个子任务中，教师对学生的回答进行了积极客观的评价和回馈，为学生提供回答问题的勇气和信心，同时设置由浅入深、由易到难的子任务，带动更多的学生加入课堂教学中，活跃课堂氛围。

在"Reading—Fun facts on British Weather"和"Chat Time—Do you mind if I borrow your umbrella？"活动中，教师通过中西对比的提问方式进行考查，并将学生的课堂参与状况记录到期末平时分中。这既能够提升学科评价的多样性，又能够提高学生的学习积极性和课堂参与的主动性。

在"Writing—A weather forecast"和"Grammar—Present continuous tense"中，教师在课后批改学生的作文，并在课内对学生的作文内容和整体书面情况进行细致的评价和总结，将平时的作文分数和等级计入期末平时分中，鼓励学生提高自身的写作能力和英语素养。

新时代背景下，高校英语教师不仅要成为知识的传送者和搬运者，还要成为学生成才路上的指引者和建设者。高校英语教师可运用产出导向法理论，通过输出、促成和评价三个阶段，实现知识的输入与输出，提高学生的英语核心素养。

三、产出导向法与线上线下混合式教学融合在高校英语教学中的应用

以《全新版大学英语综合教程2》Unit 1 Living green 为例,提出产出导向法与大学英语线上线下混合式教学有机融合的具体方法。

（一）融合的过程与方法

1. 驱动阶段

利用学习通在上课前一周为学生推送有关绿色环保的视频(该视频使用虚拟仿真技术),作为听说任务,督促学生在上课前一天完成听力任务,并且在学习通平台根据视频,用口语回答问题"What should people do to protect environment in Shanxi Province？"让学生明白保护环境的重要作用,了解环境保护实施的举措,同时激发学生的产出能力。线下课堂,教师设置谈论绿色生活的情景,组织学生开展对话。在对话活动中,可以让学生重点围绕以下三个问题展开:

1.Why is it important to live green?

2.Which things can people do to reduce energy consumption?

3.How will you live green in your own life?

通过产出驱动任务,学生可以认识到语言能力不足,从而产生学习的积极性。最后,教师介绍单元教学目标:口语目标是用简单的单词和句子描述可以减少使用的物品和可以重复回收的物品;写作目标是写一篇关于如何绿色生活的文章。

2. 促成阶段

（1）内容促成。基于第一单元三篇文章——"脱离电网的生活:一家城市居民如何发现了简单生活"(Living off the grid: how a family of city-dwellers discovered the simple life)、"自由自在的一家人:郊区的无车生活"(The free-wheeling family: car-free in suburbia)、"中国的太阳能屋顶热水器"(China's solar roof water heaters)设计以下课堂活动:①提炼三篇文章中绿色生活的内涵;②在三篇文章中,归类绿色生活做法;③归类三篇文章中提到的有关绿色生活的好处。在提炼和归类活动中,学生逐渐完成产出写作和口语任务。

(2)语言促成。在词汇层面,教师从三篇文章中选取与后面产出任务相关的高频词做成相关填空练习,帮助学生学用结合,正确使用语言表达。

We can_____plastic bottles.（recycle）

She is going to_____useful rubbish.（recycle）

在句子层面,教师选取与产出任务相关的句子,要求学生改成复合句或用特殊词汇搭配。

When we leave a room, all the lights should be turned off.（使用"It is...that..."强调句改写）We don't spend much time on understanding that we should save water.（使用 It takes sb. time to do sth. 改写）

在篇章层面,教师用一个段落示范作者如何用主题句阐明观点,用哪些具体词阐述作者的观点。

例如: In addition, we are also trying to make other changes. They include reducing the amount of trash we generate by recycling and composting, growing our own organic vegetables, and reusing and repurposing things that we would normally toss. We also want to produce our own eggs and goat's milk in the near future.

本段中,作者首先使用主题句,阐述"我们"一家尝试做出其他改变。本段呈现出总分结构。主题句后面继续阐述作者一家人还做出哪些改变,并列举了一系列例子。

(3)结构促成。结构是段落和语篇有效性的标志。本次教学实验结构促成通过两个举例说明的语篇实现。著者提供"脱离电网的生活:一家城市居民如何发现了简单生活"（Living off the grid: how a family of city-dwellers discovered）和"自由自在的一家人:郊区的无车生活"（The free-wheeling family: car-free in suburbia）两个语篇（两篇文章均是分总结构,均使用多个例子支撑主旨句）,设计了结构提取练习,要求学生找出主旨句、结尾句、语篇中的作者为了阐述主题句所使用的例子。提取结构之后,组织学生以此结构为框架,将如何践行绿色生活的例子填入,实现结构迁移。

3. 评价阶段

在产出阶段,学生在课上完成产出任务,根据促成阶段学习,完成有关如何绿色生活的作文,制定学生互评和教师评价标准。利用超星学习通进行学生自评、学生互评和教师评价。

(二)课程考核多元化评价

传统"期末一考定成绩"的评价方式,不符合应用型本科高校人才培养的要求。大学英语多元化的考核评价,可以促进学生学会自主学习和全面发展。课程改革实践中,结合应用型本科培养要求和大学英语培养目标,确立形成性评价和终结性评价相结合的课程评价方式,促进过程性考核与结果性考核。

学生考核评价要多元化。首先,改革考核内容,由固化试题内容转向增加地方文化、跨文化内容考查,加大对学生深度语言理解力、应用能力、分析能力及表达能力的考核。作文和翻译,可以涉及地方文化和跨文化交流的相关内容。比如说:写一封信给你的外国朋友,推荐陕西旅游文化景点并说明原因。这一作文题目考查了学生文化知识掌握程度和解决问题的能力,是涉及跨文化交际能力、逻辑思维能力和语言表达能力的综合考评,同时,也帮助了教师了解学生对课程思政的掌握程度。通过这样的考核评价,将使课程思政的实施更加具有针对性,也能确保大学英语课程思政教学取得良好效果,让学生真正从大学英语课堂学会综合文化知识,培育良好的思想品质。其次,结合大学英语教学目标,从教学各环节改革考核方式。课程考核评价主要可以由超星学习通课前线上学习,超星学习通测试,POA 产出成果评价,课外实践评价和期末考试构成。前四个部分为平时过程性评价,最后一部分是终结性评价。线上学习情况和随堂测试,由超星学习通直接提供数据,可以真实且及时地反映学生的学习情况、记录学生的学习数据,教师也可以根据线上学生学习情况和测试水平及时调整教学策略和教学内容。POA 产出成果评价即利用超星学习通进行线上学生自评和学生互评。学生在自评和互评的过程中,可以进行同伴学习和自主学习。教师线上评价可以帮助学生及时了解教师的反馈,及时调整学习策略。此外,还要对课外实践活动进行评价,比如课下英语角活动,促进学生进行外语实践。这些活动以教师评价为主,有助于促进学生养成自主学习能力。通过形成性评价和终结性评价结合,多维度考核,可以促进学生听、说、读、写、译全面发展,提高学生语言输出能力,有助于培养学生语言应用能力。

建立针对教师的多元教学评价。应用型高校的人才培养目标是培养符合地方经济文化发展的应用型人才,要求地方行业发展相一致,因此可以聘请行业专家进课堂,采用学校督导、行业专家和学生评价相结合的教学评价方式。这一评价方式,能够帮助教师了解学生的学习需要,从而做到以学生为中心。聘请行业专家进课堂,可以帮助教师调整教学内容,使得教学更加贴近行业培养的要求。

第三节　高校英语项目式教学法

一、项目式教学法的基本理念

数字智能化时代高校英语项目式教学法(Project-Based Learning,PBL)的基本理念是以学生为中心、问题驱动和合作学习。

以学生为中心是项目式教学法的基本理念之一。这意味着教师应该关注学生的需求和兴趣,为学生提供个性化的学习体验。在项目式教学法中,学生是学习的主体,教师的角色是引导者和支持者。教师应该根据学生的兴趣和需求设计学习任务,帮助学生自主探究和解决问题。

问题驱动是项目式教学法的另一个基本理念。这意味着教师应该通过提出问题来引导学生学习。在项目式教学法中,问题通常是由教师或学生自己提出的,然后通过小组合作和探究来解决。这种方法可以激发学生的兴趣和积极性,提高学生的思考和解决问题的能力。

合作学习是项目式教学法的另一个基本理念。这意味着学生应该在小组中共同合作,共同解决问题。在项目式教学法中,学生通常会被分成小组,每个小组都有一个指导教师。小组成员之间应该相互合作,共同探究问题,解决问题。这种方法可以提高学生的团队协作能力,增强学生的交流和沟通能力。

在数字智能化时代高校英语项目式教学法中,教师应该以学生为中心,通过问题驱动和合作学习来引导学生学习。这种教学方法可以激发学生的兴趣和积极性,提高学生的思考和解决问题的能力,增强学生的团队协作能力,增强学生的交流和沟通能力。

二、高校英语教师如何实施项目式教学法

在高校英语教学中，项目式教学法是一种有效的教学方法，可以帮助学生提高英语水平，培养他们的批判性思维和创新能力。然而，对于高校英语教师来说，如何实施项目式教学法是一项挑战。本部分内容主要论述高校英语教师在实施项目式教学法时应遵循的原则和方法。

（一）高校英语教师在实施项目式教学法时应遵循的原则

1. 以学生为中心的原则

项目式教学法是以学生为中心的教学法，教师应该注重学生的自主探究和合作学习，尊重学生的个性和差异。在实施项目式教学法时，教师应该根据学生的兴趣和需求来设计教学内容和教学活动，激发学生的学习兴趣和积极性，帮助学生提高英语水平。

2. 合作学习的原则

项目式教学法强调学生之间的合作学习，教师应该引导学生合作探究问题，分享知识和经验。在实施项目式教学法时，教师应该鼓励学生之间的互动和合作，建立良好的团队关系，促进学生的交流和沟通，提高学生的合作能力。

3. 问题驱动的原则

项目式教学法强调问题驱动，教师应该根据学生的需求和兴趣，设计具有挑战性和趣味性的问题，引导学生自主探究和解决问题。在实施项目式教学法时，教师应该注重问题的设计，确保问题具有挑战性和趣味性，激发学生的学习兴趣和积极性。

（二）高校英语教师在实施项目式教学法时应遵循的方法

1. 设计具有挑战性和趣味性的问题

在实施项目式教学法时，教师应该根据学生的需求和兴趣，设计具

有挑战性和趣味性的问题,激发学生的学习兴趣和积极性。例如,教师可以设计一些与日常生活相关的问题,如"如何在旅行中更好地沟通?""如何应对面试中的英语口语问题?"等。

2.引导学生合作探究问题

在实施项目式教学法时,教师应该引导学生合作探究问题,分享知识和经验。例如,教师可以组织学生进行小组讨论,共同探讨问题,分享自己的观点和经验,从而促进学生的交流和沟通。

3.注重学生的自主探究

在实施项目式教学法时,教师应该注重学生的自主探究,鼓励学生自主学习,培养学生的自主学习能力。例如,教师可以为学生提供一些相关的学习资料,让学生自主阅读,独立思考,解决问题。

高校英语教师在实施项目式教学法时遵循的原则和方法,不仅可以帮助教师更好地实施教学活动,而且可以提高学生的学习兴趣和积极性,培养学生的批判性思维和创新能力。

三、项目式教学法在高校英语教学中的应用

在英语口语课程中,教师可以设计一些与日常生活密切相关的问题,例如,如何与外国人交流、如何表达自己的观点等。学生需要在探究问题的过程中,运用英语进行思考、表达和交流,从而提高口语表达能力。

例如,在讲解《全新版大学进阶英语—视听说教程》U5 "Buying&Selling"的时候,教师在教学环节上设置了一个"直播带货"的形式,让学生利用这节课中所学的知识以及单词句型,模拟生活中的真实场景,并且还适当地给学生分了组,让学生选取一个商品来进行兜售。这个活动的形式在一定程度上符合了项目式的真实性原则,无论从这个活动本身或者是在学生的日常生活中,都是有真实体验的。所以,学生在学的过程中,不同层次的学生都能在其中对应自己曾经的经历进而产生共鸣。并且,小组讨论更加磨炼了与人交际的能力,符合现实中合作的精神,整个过程成功且充分地发挥了项目式作为指导的模式,是一节较为成功的视听说课。

在英语阅读课程中,教师可以设计一些与文章内容相关的问题,例如文章中涉及的主题、作者的观点等。学生需要在探究问题的过程中,阅读文章并进行分析、归纳和总结,从而提高阅读理解能力。

例如,《全新版大学进阶英语—综合教程》,教材在阅读中的特点是:(1)阅读材料充分反映了国内外的大事件,以及全球发展的趋势。随着社会的发展,教材也不能只讨论一件事情。本书中的阿尔法围棋,以及对智能手机利弊的讨论,充分地反映了现在青少年手机成瘾的问题,也很符合四级发展的需要。(2)融入了中国的元素。中国的国际地位不断提升,这更加彰显了学习英语的重要性。学好英语,不仅可以学习到优秀的国外文化与知识,还能传播中国的传统文化,可谓是一举两得。本书中,在每一课的略讲课文中,都融入了一篇跟中国有关的文章,可以增加学生的知识储备。

在英语写作课程中,教师可以设计一些与写作主题相关的问题,例如,如何展开文章结构、如何表达自己的观点等。学生需要在探究问题的过程中,运用英语进行写作,从而提高写作能力。

第四节　高校英语成果导向教育法

成果导向教育(Outcome Based Education, OBE),由美国学者威廉姆·斯帕蒂于1981年率先提出,强调"成果导向、学生中心、持续改进"。

一、基于 OBE 理念的高校英语视听说教学

本节基于大学英语视听说课程中第一单元 Nine to five,就基于 OBE 理念的翻转课堂教学模式的具体运用展开说明。

(一)课　前

课前第一步,教师完成课程教学设计,课程教学设计如表 4-1 所示。

表 4-1　听说训练 4 课程教学设计

课次名称		Unit1 Nine to five		学时	4
一、教材分析		The purpose of this book is to cultivate students' comprehensive English application abilities（listening, speaking, reading, writing, and translating）, especially to strengthen their listening and speaking abilities, expand their knowledgebase, and improve their cultural literacy			
二、学情分析		All students have finished the learning of previous three books, so most of them have already met requirements for the fourth one			
三、教学目标	知识	Develop the Ss' awareness of involving of talking about their future plans			
	能力	Ask Ss to remember useful words and expressions; Strengthen Ss' ability to listen for the specific information			
	素养	Provide Ss with some information about how to get a job and how to behave in a job interview			
四、重难点	重点	Encouraging students to talk about their future plans			
	难点	Remember useful words and expressions			
五、教学媒介		R 音频 R 微课视频 £ 课件 £ 教材 £ 参考图书			
六、教学过程			课前	课中	课后
	教师		Assign tasks and distribute Learning materials	Carry out flipped classroom teaching, raise questions, organize discussions and lectures	Send learning materials and assign assignments
	学生		Complete preclass activity	Participate in flipped classrooms, actively think and answer questions	Strengthen learning and complete assignments
七、教学反思		Pay attention to guiding students to solve problems independently, control the teaching process, and improve details			

　　课前第二步,教师制作学习任务及成果清单,学习任务及成果清单如表 4-2 所示。

表 4-2　听说训练 4 课前任务及成果清单

班级		1 班	学习小组	Group1
一、学习指南	预备知识	Know some expressions about the job interview		
	重难点	Try to find out some improper behaviors in the video		
	学习目标	Find out the problems and correct them		
二、学习任务	教材学习	《视听说教程 4》		
	课件学习	Unit1 Outside View		
	视频学习	Unit1 Outside View		
三、自测题		Ask students to understand and memorize the following expressions： · To have a different agenda · His heart isnt' in his job · Agofer · Whose round · A line manager · The job listings · Over qualified/under qualified · A mock interview · To stay on target		
四、学习困惑		Confuse about how to express themselves properly；Cannot apply the new vocabulary and expression proficiently		

　　课前第三步,教师利用平台推送资源。教师制作或选择课前学习的资源通过"学习通"App 推送给学生。课前学习任务主要是学生提前观看和熟悉 Outside View 部分的视频,努力找出视频里出现的问题,并思考对应的改善方法。

　　教学资源如下:U 校园 App 学习《新标准视听说 4》Unit1 OutsideView 部分。

　　课前第四步,教师分析反馈数据信息,查看学生反馈的学习困惑,统计自测题的完成情况,掌握学生对相关知识的学习情况。教师根据反馈信息,开展翻转课堂活动时,要逐一解决学生的问题。

（二）课　中

　　课中教学阶段,教师要逐一完成以下步骤:点评课前学习情况、总结学生自学知识点、提出课程需要解决的问题、组织教学活动、总结评价、答疑解惑。

　　课中第一步,点评课前学习情况,根据平台统计信息,点评学生学习情况。表现好的学生给予夸奖,表现不好的学生给予批评及督促。

　　课中第二步,总结知识点并提出问题,采用引导提问方式简单总结课前学习知识点,而后根据学生反馈,提出本节课需要解决的问题。课前导学视频中的女主人公 Samantha 在第一次面试中个人行为存在什么问题？我们应该如何更正这些不恰当的行为举止和回答问题的方式？在未来的面试中我们还需要注意哪些方面的问题？

　　教学平台的使用:教师登录平台,进入教师工作站,创建课程,在课程中设置课程目标、导入课件、插入习题或音频图片链接等,新建班级,添加学生,发布资源给学生。上课时,教师打开桌面鸿合互动教学软件,登录账号,开始上课,展示课件,右侧目录条有批注、上课工具、学生互动、屏幕互动等功能。

　　课中第三步,组织学生活动,教师将全班学生分组,4—6人为一组,注意分组时做到优差互补。教师指导各组选题分工,并引导提醒,各组推选一名学生利用智慧教室讲解示范。在教师完成理论知识的巩固内化后,随机找2—3组学生完成不同选题的讲解,教师实时指导,其他学生观摩。教师负责引导学生思考、管理学生听课、记录学生表现。

　　教学平台使用:教师登录平台,学生利用课件资源实施翻转课堂教学。

　　课中第四步,总结评价及答疑,课中学生提出疑问,教师和其他学生答疑。教师组织学生讨论,然后利用教学平台的"投票""抢答""测试"等功能统计提出的问题。

（三）课　后

　　课后第一步,推送巩固资源和习题,教师利用平台推送学习资料和课后习题供学生拓展提高。

　　课后第二步,本次课程数据分析,教师通过平台记录及手写记录,分析学生听课、回答问题、互动等情况。

　　课后第三步,评价与反思,教师结合数据分析评价教学效果。

（四）效果评价

在课程终期课间，让学生填写问卷，参与问卷的 40 人，共收回 40 份问卷。问卷共有四部分内容：第一部分为基本信息，包括性别、成绩以及在上课之前是否了解翻转课堂。第二部分采用李克特量表调查学生学习效果，包括学习兴趣、自学效果、协作学习效果、理论学习效果、实操学习效果、学习效率、学习感受 7 个方面。第三部分用李克特量表调查学生学习满意度，包括教学模式、在线学习、翻转课堂满意度等 9 个方面。第四部分为开放式题目，主要为学生对翻转课堂教学模式的意见建议。调查数据显示 69% 的学生对基于翻转课堂的教学模式兴趣浓厚，73% 的学生认为这种教学模式有利于实操技能的学习，95% 的学生认为这种教学模式能够减少走神，提高学习效率，84% 的学生认为这种教学模式能提高自身综合能力。

二、基于 OBE 理念的大学英语写作教学模式

（一）基于 OBE 理念的大学英语写作教学模式设计

1. 制定清晰立体的写作产出目标

结合《教育信息化中长期发展规划（2021—2035 年）》和《教育信息化"十四五"规划》的应用型本科人才培养目标，对实际课程教学目标、学生能力目标和文化素养目标的关系进行梳理，制定针对各阶段、各层次、各单元和各小节的大学英语写作知识预期产出目标，提出四种具体的能力目标，包括知识运用能力、跨文化交际能力、批判性思维能力和自主学习能力，为教师教学提供了更具操作性的教学指导，这些目标对应的能力和毕业要求见表 4-3。

表 4-3　课程目标对应的能力和写作要求

	大学英语能力	写作要求
课程目标 1	知识运用能力	掌握必备的写作知识,到达四、六级写作要求
课程目标 2	跨文化交际能力	具备用规范的英语传播中国文化的交际能力
课程目标 3	批判性思维能力	能够判断、分析和解决写作中遇到的实际问题
课程目标 4	自主学习能力	能用所学技能主动实践,持续提升写作能力

2.设置写作教学内容与形式

在写作教学设计时,充分考虑到 OBE 教学理念的根本是以学生为中心,以产出为导向和持续改进,因此将教学设置从传统的以教师为主导的灌输式向 OBE 理念的以学生为中心的导向式转变。实际操作中,在大一下学期,在日常教学的基础上,要求学生进行课堂展示。首先根据学号将学生分为每四人一组,将历年四级真题的写作作为口语测试的内容分派给每一个小组。然后,引导学生搜集四级写作题目相关资料,并和小组成员讨论并整理观点,制作 PPT 来完成一个 15—20 分钟的 presentation。学生在准备过程中,不断学习和改进,逐渐完善相关知识,增强自信心,坚定自己的立场,这不仅可以提高学生的归纳整理信息的能力,也可以锻炼他们的小组合作能力和协调沟通能力。在课堂展示中,小组成员依次在讲台汇报展示内容,对四级真题的写作话题进行完整汇报和延伸,教师负责引入话题,引导学生提问和思考,这样可以提高学生的口头表达能力。问答总结的过程中,班级其他同学可以提出疑问,或者对展示内容进行总结,或者用给定话题表述出自己的写作思路,展示的同学和其他同学进行思想碰撞,对 presentation 进行完善提高,可以提高学生的学术交流能力和跨文化交际能力。在 OBE 以产出为导向的教学过程中,为确保学生在每一阶段都达到预期标准,将presentation 分解为几个步骤,每个步骤对应一个或多个能力指标和成果产出。

如表 4-4 所示,PPT 展示以大学英语水平测试的能力指标为英语写作教学的设计指导,将 presentation 的制作过程分解为四个步骤,并将每个步骤细化成阶段性产出要求,形成学生口语汇报英语写作展示的全过程。大学英语写作教学和每堂课的 presentation 模块构建符合高校应用型本科人才培养要求的 OBE 理念的教学模式,使他们在完成课时后基本能熟练掌握四、六级作文的格式要求、结构框架和黄金句式等,为四、六级考试的英语写作打下坚实的基础。

表 4-4 大学英语写作教学步骤、能力指标和成果

步 骤	能力指标	产 出
商讨方案	搜集和处理信息的能力、英语语言基础能力、自主学习能力、团队合作能力、创新能力	1. 掌握文献检索、资料查询的基本方法 2. 查阅并筛选出相关资料 3. 确定 presentation 的主题和框架
制作修改	信息技术应用能力、沟通能力、英语写作能力、组织管理能力	1. 完成 presentation 的初稿 2. 修改、讨论和完善内容
展示交流	团队合作能力、实际应用能力、跨文化交际能力	1. presentation 的定稿 2. 小组成员轮流展示
总结建议	英语写作能力、逻辑思维能力、归纳整理信息的能力	1. 总结意见 2. 完善存档

3. 采用立体化考核方式

为掌握学生对当前授课模式的学习情况,本课程采用综合性考核方法,即以作文写作、口语成绩、平时作业和反思日志相结合的方式给出最终成绩。综合性评价能让教师更好地监控学生的学习过程,并不断地改进和促进后续的学习。为进一步提高考核方式的系统性、科学性和可操作性,在兼顾教学目标的同时,课程考核形式主要包括以下几种:作文写作,占 50%(课程目标 1);PPT 展示,占 30%(课程目标 2);反思日志,占 10%(课程目标 3);自主学习,占 10%(课程目标 4)。

作文写作是由作者在新理念教学平台和 welearn 教学平台发布的写作任务组成。完成方式分为小组合作和个人单独完成两种形式。根据教学单元设置,作者在平台上布置了 5 次写作任务,每一次的任务都是动态试卷,从四级题库里面随机出题,所以每组同学或者每个同学的任务都不相同,系统会自动打分作为辅助给出评价,再由教师局部调整给出实际成绩,并对五次成绩进行比较,取其中最好的两次计入最终成绩。这样的任务形式符合 OBE 教育理念中的持续改进原则,促使学生不断完善和改进写作任务,不断挑战自我。PPT 展示也是引导学生以四级写作真题为主题,通过小组合作的形式制作 presentation 并逐一展示,教师起引导、启发和总结的作用。小组成员的表现会影响到团队的最终成绩,学生出于集体荣誉感,会精心准备每一个 presentation。反思日志

主要是对课堂内容的总结,对他人展示的评价以及对不足之处的改进建议。学生通过讨论、交流和反思,可以相互学习,认识到自身的不足之处和需要改进的地方。自主学习主要是学生在新理念教学平台和 welearn 教学平台上学习对应的大一下学期教材和教师推荐的写作教材,每一次的学习进度和测试完成情况系统都有记录,可以一键导出学习记录,方便教师督促和管理学生的写作学习。

4. 定期教学评价及持续改进

OBE 教学理念下,为实现预期的教学成果,作者根据定期的评价反馈来持续改进教学设置,调整教学重点,从而达到预期产出。教学评价包括形成性评价和终结性评价,其中终结性评价包括期中和期末考试,通过分数的形式记录下来,而形成性评价采用了"师生合作"的评价模式,学生主要通过自我评价、小组互评、学习小结和问卷调查向教师反馈学习情况和对教学的建议。形成性评价和终结性评价相结合可以方便教师掌握学生的学习情况,针对学生需要的、感兴趣的内容进行讲解,充分激发学生的写作积极性,也可以让教师有更多精力来关注和改进教学手段,提高教学质量。在"师生合作"的形成性评价过程中,教师先让学生按照在线教育平台的评语修改提交的作文,然后四人一组在小组内随机交换手写作文,小组成员对四篇文章就构思、结构、衔接、选词、语言技巧等逐一评价,并以书面形式记录下来。在此基础上,教师根据作文批阅情况和小组讨论的记录在课堂上集中点评,提出闪光点和不足之处,展示和传阅学生的优秀作文,精讲优秀句子,并要求学生写学习小结,帮助学生理清写作思路,找到写作方法,针对性地提高学生的英语写作能力。自我评价、小组互评、学习小结和问卷调查等形成性评价方式结合期中、期末考试的终结性评价,能够让教师准确掌握学生的学习进度和学习情况,持续改进教学方法,实现对英语写作课程教学质量的控制。

(二)教学效果与反思

为了解学生对当前授课模式的满意度和对 OBE 教学目标的反馈,作者设计了课程目标达成情况调查问卷表,通过 QQ 在线文档发放与统计,调查对象为音、体、美和文传四个班级共计 225 名同学,在学习委员的督促下所有人完成填写。问卷内容包含四个课程目标的细则和他们的达成情况自我评价,反馈结果如表 4-5 所示。

表 4-5　课程目标达成情况调查(n=225)

	完全具备（10分）	具备（8分）	基本具备（6分）	不太具备（3分）	完全不具备（0分）	达成度
课程目标 1	108	82	35	0	0	0.865
课程目标 2	156	46	23	0	0	0.911
课程目标 3	69	99	57	0	0	0.811
课程目标 4	73	85	61	6	0	0.797

由表 4-5 看出,OBE 理念下的学生自我评价达成度很好,尤其是课程目标 2 对应的跨文化交际能力自信心十足,这表明基于 OBE 的大学英语写作教学深受学生欢迎,在一定程度上提高了大学英语写作的综合能力。当然,问卷调查会受学生的主观性影响,具有一定的主观性,不能充分反映 OBE 理念教学的效果。因此,著者进一步统计对比了大一上学期和使用 OBE 理念的大一下学期的课程满意度调查,反馈结果如表 4-6 所示。

表 4-6　课程满意度调查(n=225)

学　期	非常满意 /%	满意 /%	一般 /%	不满意 /%
大一上(传统模式)	59.6	31.5	8.9	0
大一下(OBE 模式)	66.2	30.2	3.6	0

结合问卷调查的问题,发现接受 OBE 模式教学的同学对于课堂教学模式评价较高,他们愿意花更多的时间收集资料制作 presentation,上课时候积极参与课堂讨论,积极完成在线平台上的测试任务,主动锻炼总结归纳能力,看待问题更加深入,自信心也有所增强。

OBE 教学理念为大学英语写作课程的设计与实施提供了全新的逆向思维视角,让学生能够提前了解预期的学习效果,在教师的帮助下,让不同基础的同学通过持续努力,在不同时间达到相同的教学目标。大学英语写作教学的重要目标是提高学生的知识运用能力、跨文化能力、批判性思维能力和自主学习能力,帮助学生顺利完成四六级写作任务,使学生能更好地运用英语服务于未来的工作和生活。需要注意的是,OBE 教育理念指导下的大学英语写作,虽然强调以学生为中心,但并不意味着教师要把所有的课堂教学活动交给学生,而放弃对知识点的解释。那样的做法只是流于形式,学生不能系统、完整地掌握写作知识。在大学英语写作的教学实践中,教师要巧妙设计,讲练结合:对于逻辑性强、归纳性强的专业知识,合理讲解;对于浅显易懂的基础知识,鼓励学生从教科书和课外资料中习得。教师要运用先进的"互联网+"资源和学习平台,合理安排教学内容,融趣味性和知识性为一体,使教学内容符合学生的认知水平,提升大学英语写作教和学的水平。

第五章

数字智能化时代高校英语教育的内容设置

随着数字化智能化时代的到来,越来越多的学生能够通过网络平台来便捷地获取英语学习资源。数字智能化时代的到来给高校英语教学带来了前所未有的机遇和挑战,为了更好地培养学生英语语言学习能力,高校英语教学应结合数字智能化时代的特点和需求,加强对数字化技术的应用,采取有效措施,创建新型教学模式。

第一节　高校英语词汇与语法教学

一、高校英语词汇教学

随着时代的发展,数字智能化技术在教学领域的应用越来越广泛,特别是在高校英语教学中,数字化技术给英语词汇教学带来了机遇和挑战。在此背景下,高校应积极转变传统的教学模式,采取有效措施,创新词汇教学模式,不断提高英语词汇教学质量和效率。

（一）数字智能化时代对高校英语词汇教学提出的新要求

当前,随着数字智能化时代的到来,高校英语词汇教学也面临着一系列的新挑战,要想有效地提高高校英语词汇教学质量,就必须在英语词汇教学中融入数字智能化元素,运用数字化技术进行英语词汇教学。在数字化智能化时代背景下,英语词汇教学的内涵和外延都发生了较大的变化,传统的词汇教学已经不能满足当前的发展需要,要想进一步提高高校英语词汇教学质量,就必须对其进行改革创新。

（二）数字智能化时代背景下优化高校英语词汇教学的有效策略

在数字智能化时代背景下,高校英语词汇教学要想更好地适应新的教学要求,就必须重视数字化技术的应用,借助数字化技术为高校英语词汇教学提供支持和保障。高校应树立数字智能化时代背景下的英语词汇教学理念。在传统的教学理念中,教师注重对学生语言能力的培养,而忽略了学生在英语学习中的主体地位。在数字智能化时代背景下,高校英语词汇教学应该将学生作为主体,注重学生主体地位的发挥。同时,高校应积极创新英语词汇教学模式。在开展英语词汇教学过程中,教师应根据不同的学生群体特点和需求设计出不同的学习模式,激发学生参与学习的积极性和主动性,从而为学生提供一个轻松愉悦的英语词汇学习环境。

数字智能化时代对高校英语词汇教学提出了更高的要求,不仅要求教师转变教学观念,树立数字化教育理念,还要求教师不断提升自身专业素养和业务水平,采用更加科学、有效的教学方法,加强对数字化技术的应用,不断创新教学模式,促进英语词汇教学工作的顺利开展。

二、高校英语语法教学

随着科学技术的不断进步,英语教学也发生了巨大的变革,英语语法教学的重点已经由过去的"死记硬背"变为现在的"灵活运用"。数字智能化技术应用到高校英语语法教学中,既能让学生更加直观地了解英语语法知识,又能让学生在课堂上更好地应用所学知识,从而有效提升高校英语语法的教学质量。

自 21 世纪以来,我国高校英语教学模式发生了巨大的变化,英语语法教学也从传统的"教师讲授"转变为"教师主导、学生主体"。随着科学技术的不断进步,计算机技术、多媒体技术、网络技术等现代化信息技术在高校英语教学中得到了广泛的应用,数字智能化时代已经来临。这给传统的英语语法教学模式带来了巨大的冲击,教师在英语语法教学过程中应当积极地应用数字智能化技术,让学生在课堂上更好地学习英语语法知识,提高高校英语语法教学质量。

(一)传统语法教学的弊端

传统语法教学是教师将语法知识讲解给学生,学生在学习过程中难以做到主动思考和探究,难以将所学知识灵活运用到日常的语言交际活动中。英语作为一门语言学科,不仅要求学生有一定的英语水平,还要求学生能熟练掌握英语语法知识,而传统语法教学存在以下几点弊端:第一,教师的课堂教学内容枯燥乏味,学生学习兴趣不高;第二,教师在讲解语法知识时大多是"满堂灌",没有给学生充足的思考和探究空间,课堂氛围不活跃;第三,传统语法教学模式偏重理论教学,忽略了对学生语言运用能力的培养;第四,传统语法教学模式忽视了对学生创新能力和实践能力的培养。

（二）英语语法数字化教学

在英语语法数字化教学中,要注重对数字化教学资源的合理利用,充分发挥数字化教学资源的优势,不断优化英语语法的教学内容和教学方法。在传统的英语语法课堂中,教师都是按照教材顺序进行讲授,学生只能被动接受知识,不能主动进行思考。在英语语法数字化教学中,教师要充分利用数字化资源进行英语语法知识讲解、语法训练、自主学习、互动交流等教学活动,有效提高学生英语语法学习效率。

英语语法教学一直是英语教学的重要组成部分,新时代下数字智能化技术在英语语法教学中的应用,能让学生更加直观地了解英语语法知识,提高学生自主学习的能力。在新课程改革不断推进的今天,高校应结合时代发展需求,不断优化教学手段和方式,为学生营造良好的英语学习氛围。当然,在数字智能化时代背景下,高校英语语法教学也存在一些问题需要解决。高校英语教师应积极转变教学理念、创新教学模式、丰富教学内容,从而实现师生共赢。

第二节　高校英语听说教学

随着信息化、智能化时代的到来,信息技术在教育领域得到了广泛应用,对教育教学产生了深远影响。英语作为高校必修的公共基础课,在数字智能化时代背景下也发生了变化,呈现出了新特点。因此,探讨数字智能化时代高校英语听说教学的新特点和转型策略具有一定的理论价值和实践意义。

一、高校英语听力教学

（一）数字智能化时代对高校英语听力教学提出的新要求

数字智能化时代对高校英语听力教学提出了新的要求,具体体现在以下几个方面。

1. 数字化资源的应用

数字化资源已经成为现代教育的重要组成部分,高校英语听力教学需要利用数字化资源。例如,教师可以利用在线听力资源,如在线听力课程、听力练习软件等,为学生提供更加丰富、多样化的听力材料。同时,数字化资源还可以帮助学生自主学习,提高学习效率。

2. 听力教学的个性化

在数字智能化时代,高校英语听力教学需要更加注重个性化。教师可以根据学生的听力水平和兴趣,选择适合他们的听力材料,并针对学生的需求进行教学。例如,教师可以利用听力练习软件,根据学生的听力和语音水平,提供相应的练习材料。

3. 互动式教学的应用

数字智能化时代的高校英语听力教学需要采用互动式教学,以提高学生的参与度和学习效果。教师可以利用在线听力课程、听力练习软件等数字化资源,为学生提供互动式教学体验。例如,教师可以组织学生进行听力讨论,或者利用在线听力课程中的互动功能,与学生进行实时交流。

4. 教学评价的多元化

在数字智能化时代,高校英语听力教学需要采用多元化的教学评价方式,以更好地评估学生的听力水平。例如,教师可以利用在线听力练习软件,自动评估学生的听力成绩,并提供相应的反馈和建议。同时,教师还可以采用多种评价方式,如口试、笔试等,综合评估学生的听力水平。

5. 教师专业发展

面对数字智能化时代的新要求,教师也需要不断更新知识和技能,适应新的教学模式。教师应积极参加培训和学习,提高自己的教学水平和跨文化沟通能力。

总之,在数字智能化时代,高校英语听力教学需要不断革新,以满足新的教学要求。教师应积极应对挑战,探索有效的教学方法,为学生提供高质量的英语听力教学。

(二)数字智能化时代背景下优化高校听力教学的有效策略

1. 利用数字化资源丰富听力教学内容

随着科技的飞速发展,数字化已经成为人们生活和学习的一部分。在高校英语听力教学中,利用数字化资源丰富听力教学内容,不仅可以为学生提供丰富的听力学习材料,还可以提高学生的学习兴趣和效率。

利用互联网和手机应用等数字化资源,可以为学生提供各种各样的听力学习材料,这些材料包括新闻、电影、电视剧、综艺节目等,涵盖了各种场景和口音,可以帮助学生更好地适应不同的听力环境。例如,新闻可以让学生了解当前的国际形势,电影和电视剧可以让他们学习地道的口语表达和听力技巧,综艺节目则可以让他们在轻松的氛围中提高听力水平。

数字化资源还可以为学生提供个性化的学习体验。互联网和手机应用可以根据学生的兴趣和需求,为他们推荐适合的学习材料。例如,对于喜欢音乐的学生,可以推荐英文歌曲和音乐视频;对于喜欢电影的学生,可以推荐英文电影和电视剧。这样,学生可以更加专注于自己感兴趣的内容,提高学习效果。

数字化资源还可以为学生提供实时反馈和互动交流的机会。通过互联网和手机应用,学生可以随时随地进行听力练习,并且可以和同学分享自己的答案,互相学习和交流。这样,学生不仅可以提高听力水平,还可以培养团队合作精神和交流能力。

在利用数字化资源丰富听力教学内容的同时,也需要注意一些问题。首先,要确保学生能够正确使用这些资源,避免过度依赖数字化设备,影响听力的自然发展;其次,要合理利用数字化资源,不能将传统教学方法完全取代,要结合传统教学方法和数字化资源,提高学生的学习效果。

总之,在高校英语听力教学中,利用数字化资源丰富听力教学内容,不仅可以为学生提供丰富的听力学习材料,还可以提高学生的学习兴趣和效率。

2. 利用人工智能技术辅助听力教学

随着数字智能化时代的到来,人工智能技术在各个领域的应用已经成了趋势。在高校英语听力教学中,利用人工智能技术辅助教学,可以有效地提高教学效率和质量。

语音识别技术在高校英语听力教学中具有广泛的应用前景。通过语音识别技术,教师可以快速准确地识别学生的发音,并给予相应的反馈。例如,当学生发音不准确时,语音识别技术可以自动识别并给出错误的发音提示,从而帮助学生纠正发音。这种方法不仅提高了教学效率,还能帮助学生更好地掌握英语发音的技巧。

自动评分技术也是高校英语听力教学中的一种重要应用。通过自动评分技术,教师可以快速准确地对学生的听力作业进行评分,避免了传统的人工评分方式中的主观性和误差。此外,自动评分技术还可以为学生提供个性化的学习反馈,帮助学生更好地了解自己的学习情况,提高学习效果。

人工智能技术还可以通过为学生提供个性化的听力练习材料,提高学生的学习兴趣和积极性。例如,人工智能技术可以根据学生的学习进度和水平,为学生推荐相应的听力练习材料,从而提高学生的学习兴趣和积极性。人工智能技术还可以通过模拟真实的听力环境,帮助学生更好地适应英语听力教学。例如,人工智能技术可以通过模拟英语口语和听力场景,让学生在真实的语言环境中进行听力练习,从而提高学生的听力能力。

综上所述,利用人工智能技术辅助高校英语听力教学,可以提高教学效率和质量,同时也可以帮助学生更好地掌握英语听力的技巧和能力。然而,人工智能技术在高校英语听力教学中还面临着一些挑战,比如,如何确保技术的准确性和可靠性,如何确保学生的隐私和安全等。因此,我们需要进一步研究和探索,以更好地利用人工智能技术提高高校英语听力教学的效果。

3.构建有效的听力教学评价体系

在数字智能化时代,高校英语听力教学面临着全新的挑战和机遇。为了提高教学效果,构建有效的听力教学评价体系显得尤为重要。

定期进行听力测试是构建有效评价体系的基础。通过定期进行听力测试,教师可以了解学生的听力水平,从而调整教学策略,提高教学效果。听力测试不仅可以检查学生对英语听力知识的掌握程度,还可以帮助学生发现自己的薄弱环节,有针对性地进行改进。此外,听力测试还能使教师了解学生的学习进度,及时调整教学计划,确保教学质量。

评估学生的听力水平是构建有效评价体系的关键。评估学生的听力水平可以全面了解学生的听力能力,为教师提供有针对性的教学建议。评估方法可以包括课堂观察、课后作业评分、考试成绩等。通过对学生的听力水平进行评估,教师可以发现学生的优势和劣势,制定个性化的教学计划,提高教学效果。

利用数字智能化手段进行听力教学评价也是构建有效评价体系的重要途径。例如,可以利用在线听力测试平台进行听力测试,为学生提供多样化的听力练习资源。通过分析学生的听力测试数据,教师可以发现学生的听力问题,并针对性地提出改进意见。同时,利用在线听力教学评价系统,教师可以实时了解学生的听力学习进度,调整教学计划,确保教学质量。

教师应注重评价结果的反馈与指导。评价结果的反馈与指导可以帮助学生了解自己的听力水平,发现自己的问题,进行有针对性的改进。教师通过与学生进行一对一的沟通,了解学生的听力学习需求,为学生提供个性化的听力教学建议。此外,教师还可以通过教学反馈了解学生的学习效果,为改进教学提供依据。

二、高校英语口语教学

(一)数字智能化时代对高校英语口语教学提出的新要求

在数字智能化时代,高校英语口语教学面临着许多新的挑战和机

遇。如何适应新时代的要求,提高英语口语教学的效果,成了当前高校
英语教育领域亟待解决的问题。

1. 创新教学方法

在数字智能化时代,高校英语的口语教学需要创新教学方法。传统
的教学方法,如教师讲授、学生听讲、学生模仿、教师纠错等,已经无法
满足学生的需求。因此,教师需要运用现代科技手段,如多媒体、网络平
台、移动设备等,结合学生的特点,设计出更具趣味性、互动性和实用性
的教学方法。

2. 注重口语实践

在数字智能化时代,高校英语口语教学需要更加注重口语实践。传
统的口语教学,往往注重理论知识的传授,忽视了实践能力的培养,而
在数字智能化时代,学生可以通过网络平台、语音识别技术等,随时随
地进行口语练习。因此,教师需要引导学生积极参与口语实践,提高学
生的口语表达能力。

3. 培养跨文化意识

随着全球化的推进,英语在国际交流中扮演着越来越重要的角色。
在数字智能化时代,高校英语口语教学需要培养学生的跨文化意识。教
师需要引导学生了解不同国家和地区的文化背景,提高学生的跨文化交
际能力。

4. 强化评价体系

在数字智能化时代,高校英语口语教学需要强化评价体系。传统的
评价方式,如笔试、口试等,已经无法全面反映学生的口语能力。因此,
教师需要运用网络平台、语音识别技术等,设计出更为科学、客观的评
价方式,提高评价的准确性。

5. 教师角色转变

数字智能化时代要求教师的角色从传统的知识传授者转变为学生
学习的引导者和促进者。教师需要熟练掌握数字智能化技术,将其应用
于英语口语教学中,提高教学效果。同时,教师还需要关注学生的个性

化需求,为其提供有针对性的教学指导。

总之,数字智能化时代对高校英语口语教学提出了许多新要求。教师应积极应对这些挑战,充分利用数字智能化技术改革教学,提高学生的英语口语能力和跨文化交际能力。

(二)数字智能化时代背景下优化高校口语教学的有效策略

如何有效优化高校口语教学,提高学生的英语口语表达能力,成了教育工作者们关注的焦点。下面提出几点基于数字智能化背景下的高校口语教学优化策略。

1.高校口语教学应注重培养学生的口语表达能力

在数字智能化时代,英语口语表达能力已成为衡量大学生英语水平的重要指标。因此,高校英语教育应将口语教学作为重点,注重培养学生的口语表达能力。教师可以通过组织各种口语活动,如角色扮演、辩论赛、演讲比赛等,让学生在实践中提高口语表达能力。

2.高校口语教学应采用多样化的教学手段

在数字智能化时代,教师可以利用网络平台、手机应用、智能语音助手等工具,为学生的口语练习提供更多便利。教师可以设计一些口语练习任务,如模仿英语电影、录制英语音频、编辑英语视频等,让学生在自主练习中提高口语表达能力。

3.高校口语教学应注重学生的口语交流

在数字智能化时代,英语交流已成为国际沟通的重要手段。因此,高校英语教育应注重学生的口语交流能力。教师可以组织学生参加英语角、英语俱乐部等活动,让学生在实际交流中提高口语表达能力。

4.高校口语教学应关注学生的个体差异

在数字智能化时代,学生的个性差异更加明显。因此,高校英语教育应注重学生的个体差异,制订个性化的教学方案。教师可以根据学生的学习兴趣、学习习惯等因素,设计适合学生的口语练习任务,让学生在适合自己的方式中提高口语表达能力。

5.高校口语教学应注重教师的角色定位

在数字智能化时代,教师不再是知识的传授者,而是学生的引导者和指导者。因此,高校英语教育应注重教师的角色定位,为学生提供更多的指导和支持。教师可以利用网络平台、手机应用等工具,为学生提供个性化的口语练习指导,帮助学生提高口语表达能力。

第三节　高校英语读写译教学

一、高校英语阅读教学

(一)数字智能化时代对高校英语阅读教学提出的新要求

1.培养学生的自主学习能力

在数字智能化时代,学生需要具备自主学习的能力,以便适应快速发展的信息社会。高校英语阅读教学应注重培养学生的自主学习能力,如通过在线学习平台、移动学习应用等提供丰富的学习资源,让学生主动探索知识,提高学习效果。

在传统的高校英语阅读教学中,教师通常扮演着主导者的角色,学生主要是被动接受知识。[①] 然而,在数字智能化时代,学生需要具备自主学习的能力,以便更好地适应社会的发展。因此,高校英语阅读教学需要注重培养学生的自主学习能力。

高校英语阅读教学可以利用在线学习平台和移动学习应用等工具,为学生提供丰富的学习资源。这些资源可以是电子书籍、视频、音频等多媒体形式,学生可以根据自己的兴趣和需求选择学习内容。此外,这些学习资源还可以提供实时反馈,帮助学生更好地掌握学习进度和

---

① 姬国君.学生自主学习的基本理论、现实需要及培养策略[J].课程教学研究,2018(9):4.

效果。

高校英语阅读教学可以采用多种教学方法,激发学生的学习兴趣和积极性。例如,可以组织英语阅读比赛、英语阅读分享会等活动,让学生在参与中提高英语阅读能力。此外,还可以通过讨论、辩论等形式,帮助学生深入理解英语阅读材料,提高阅读理解能力。

高校英语阅读教学可以注重培养学生的自主学习习惯。例如,可以要求学生定期阅读英语材料,并进行笔记记录。这样可以帮助学生养成良好的学习习惯,提高自主学习能力。

高校英语阅读教学还可以与现实生活相结合,让学生在阅读中体验到英语学习的实际应用价值。例如,可以让学生阅读有关旅游、文化、经济等方面的英语材料,帮助学生提高实际应用英语的能力。

总之,高校英语阅读教学应注重培养学生的自主学习能力,通过提供丰富的学习资源、采用多种教学方法、培养学生的学习习惯以及与现实生活相结合等方式,帮助学生提高英语阅读能力,适应数字智能化时代的发展。

2. 提高阅读教学的互动性和趣味性

在数字智能化时代,高校英语阅读教学应注重提高互动性和趣味性,以激发学生的学习兴趣。传统的英语阅读教学方式往往较为枯燥,缺乏趣味性,导致学生的学习兴趣不高,学习效果不佳。因此,高校英语阅读教学需要进行改革和创新,以适应数字智能化时代的需求。

高校英语阅读教学应注重提高互动性和趣味性。传统的英语阅读教学方式往往采用教师讲授,学生听课的方式,缺乏互动性和趣味性。而在数字智能化时代,我们可以利用网络平台开展讨论、分享、角色扮演等活动,提高学生的参与度和学习效果。例如,教师可以设置一些与阅读材料相关的问题,让学生在网络上进行讨论和分享,从而提高学生的学习兴趣和参与度。教师还可以利用网络平台上的角色扮演游戏,让学生在模拟情境中进行英语阅读,提高学生的学习兴趣和口语表达能力。

高校英语阅读教学应注重提高教学的针对性和实用性。传统的英语阅读教学往往缺乏针对性和实用性,导致学生难以将所学的知识应用到实际生活中。而在数字智能化时代,教师可以利用网络平台上的各种资源和工具,为学生提供更加具有针对性和更实用的教学内容。例如,教师可以为学生提供与阅读材料相关的背景知识、文化背景等信息,帮助学生更好地理解阅读材料。此外,教师还可以利用网络平台上的各种练习和测试工具,帮助学生巩固所学的知识,提高阅读能力。

高校英语阅读教学应注重提高教学的个性化。传统的英语阅读教学往往采用一刀切的教学方式,忽视了学生的个体差异,而在数字智能化时代,教师可以利用网络平台上的各种个性化教学工具,为学生提供更加个性化的教学内容。例如,教师可以根据学生的学习习惯和兴趣爱好,为学生推荐适合的阅读材料和教学方式。此外,教师还可以利用网络平台上的各种反馈工具,了解学生的学习情况,为学生提供更加个性化的教学服务。

在数字智能化时代,高校英语阅读教学应注重提高互动性和趣味性、针对性和实用性、个性化。只有这样,才能更好地适应数字智能化时代的需求,提高学生的学习兴趣和阅读能力,培养学生的英语素养。

3. 重视阅读教学的数据分析和反馈

在数字智能化时代,高校英语阅读教学正面临着新的挑战和机遇。传统的教学模式已经无法满足学生个性化学习的需求,因此,重视阅读教学的数据分析和反馈变得尤为重要。

数据分析可以帮助我们深入了解学生的阅读行为。通过收集和分析学生的阅读数据,我们可以得知他们的阅读习惯、阅读速度、阅读深度等信息。这些数据可以为我们提供关于学生阅读状况的准确画像,帮助我们更好地了解学生的需求,从而调整教学策略。

数据分析可以帮助我们及时调整教学策略。传统的教学模式往往无法满足所有学生的需求,而数据分析可以帮助我们找出学生的弱点和需求,从而针对性地进行教学。例如,我们可以利用学习分析工具,对学生的阅读量、阅读速度、理解程度等进行分析,为教学提供有针对性的反馈。这样,我们就可以更好地满足学生的个性化需求,提高教学效果。

数据分析还可以帮助我们评估教学效果。通过分析学生的阅读数据,我们可以得知他们是否达到了教学目标,是否需要进一步的指导。这样,我们就可以及时调整教学策略,提高教学效果。

数字智能化时代的高校英语阅读教学应注重数据分析,根据学生的阅读行为和效果,及时调整教学策略。这样,我们才能更好地满足学生的个性化需求,提高教学效果。

（二）数字智能化时代背景下优化高校英语阅读教学的有效策略

1.引入数字化阅读资源,丰富教学内容

在当前的数字智能化时代,高校英语阅读教学面临着新的挑战和机遇。为了提高教学效果,丰富教学内容,高校英语阅读教学应引入数字化阅读资源。数字化阅读资源具有丰富性、多样性和便捷性,可以有效地满足学生的个性化学习需求,提高阅读教学的质量。

引入数字化阅读资源可以丰富教学内容。传统的纸质阅读材料难以满足学生的个性化学习需求,而数字化阅读资源可以提供大量的阅读材料,包括各种类型的文章、新闻、故事等,学生可以根据自己的兴趣和水平自主选择阅读材料。此外,数字化阅读资源还可以提供丰富的音频、视频等多媒体内容,有助于提高学生的学习兴趣和参与度。

引入数字化阅读资源可以提高教学效率。传统的纸质阅读材料需要学生花费大量的时间和精力进行阅读,而数字化阅读资源可以提供在线阅读、自动阅读等功能,学生可以随时随地进行阅读,节省了时间和精力。此外,数字化阅读资源还可以提供自动标注、翻译、分析等功能,有助于提高学生的阅读效率和理解能力。

引入数字化阅读资源可以促进学生的自主学习。数字化阅读资源可以提供丰富的学习资源和工具,学生可以自主选择学习内容和方式,提高学习主动性和积极性。此外,数字化阅读资源还可以提供互动交流的平台,学生可以与其他学生分享学习心得和经验,促进学习互动和交流。

在引入数字化阅读资源的同时,也需要注意一些问题。首先,教师需要合理选择和筛选数字化阅读资源,确保资源的质量和适用性;其次,教师需要引导学生正确使用数字化阅读资源,避免过度依赖和被动学习;最后,教师需要关注学生的阅读反馈和效果,及时调整教学策略和方法。

2.结合人工智能技术,实现个性化教学

在数字智能化时代,高校英语阅读教学正面临着新的挑战和机遇。为了提高教学效果,高校英语阅读教学应结合人工智能技术,实现个性化教学。个性化教学是一种以学生为中心的教学方法,旨在满足学生的个性化需求,提高学生的学习兴趣和参与度。

结合人工智能技术实现个性化教学,可以利用学习分析工具,对学生的阅读行为和效果进行个性化分析。学习分析工具是一种能够收集、分析、解释和报告学习者行为和绩效的技术,它可以帮助教师了解学生的学习情况,包括学生的学习风格、学习进度、学习难点等。[1]

通过学习分析工具,教师可以对学生进行个性化的阅读指导。例如,对于阅读速度较慢的学生,教师可以提供一些阅读技巧,如略读、寻读等,以提高他们的阅读速度;对于阅读理解能力较弱的学生,教师可以提供一些阅读策略,如预测、推理等,以提高他们的阅读理解能力。

除了提供个性化阅读指导外,学习分析工具还可以帮助教师了解学生的学习习惯和偏好。例如,教师可以通过分析学生的阅读记录,了解学生喜欢阅读哪些类型的文章,从而为学生推荐更加符合他们兴趣的文章。

此外,结合人工智能技术实现个性化教学还可以提高教学效率。传统教学中,教师需要花费大量时间和精力来批改学生的作业和测试,而使用学习分析工具可以自动批改学生的作业和测试,从而节省教师的时间和精力。

要实现个性化教学,高校英语阅读教学还需要解决一些技术难题。例如,如何保护学生的隐私,如何确保学习分析工具的准确性和可靠性等。因此,高校英语阅读教学应结合人工智能技术,实现个性化教学,以提高教学效果。

3. 优化网络环境和设备,提高教学效果

在数字智能化时代,高校英语阅读教学应紧跟时代潮流,充分利用现代信息技术和网络环境,优化教学环境和设备,以提高教学效果。首先,我们需要关注网络环境和设备的优化,以确保在线学习平台和移动学习应用的稳定运行。

提高网络带宽是优化网络环境的关键。随着在线教育的发展,学生和教师对网络速度的需求越来越高。因此,高校应加大对网络带宽的投入,以满足教学需求。同时,学校还可以与互联网服务提供商合作,通过优化网络

---

① 朱连云. 复课研究:提升自己的教学技能 [J]. 教育,2023 (20):1.

架构和提高网络质量,确保在线学习平台和移动学习应用的稳定运行。

移动设备的普及为高校英语阅读教学提供了新的可能。教师可以利用移动设备,如智能手机、平板电脑等,为学生在课前、课中和课后提供丰富的学习资源。例如,教师可以利用移动应用推送学习资料、布置作业、组织讨论等,使学生在任何时间、任何地点都能进行英语学习。此外,移动设备还可以支持实时翻译、语音识别等功能,为学生提供更加便捷的学习体验。

此外,教师应充分利用网络环境和设备的优势,采用多样化的教学方法。例如,教师可以利用网络平台开展小组合作学习、项目式学习等活动,激发学生的学习兴趣和主动性。同时,教师还可以利用网络平台进行教学评价,如在线测试、作业批改等,提高教学效率。

通过提高网络带宽、利用移动设备、采用多样化的教学方法等手段,我们可以为学生创造一个更加便捷、高效的学习环境,培养他们的英语阅读能力和跨文化交际能力。

4.定期进行教学评估,及时调整教学策略

在数字智能化时代,高校英语阅读教学正面临着前所未有的挑战和机遇。为了提高教学效果,我们需要定期进行教学评估,及时调整教学策略。这不仅有助于我们了解学生的阅读行为和效果,还能为教学提供有针对性的反馈,从而提高教学质量。

教学评估可以帮助我们了解学生的阅读习惯和策略。通过学习分析工具,我们可以收集学生的阅读行为数据,如阅读频率、阅读时长、阅读材料类型等。这些数据可以帮助我们了解学生的阅读习惯,进而制定合适的教学策略。例如,我们可以根据学生的阅读习惯,调整阅读材料的难度和类型,以提高学生的阅读兴趣和效果。

教学评估可以帮助我们了解教学策略的有效性。在教学过程中,我们可能会遇到一些问题,如学生阅读速度慢、理解困难等。这时,我们可以通过教学评估来了解教学策略的有效性,从而进行相应的调整。例如,我们可以通过调整阅读材料的长度、难度、结构等,来提高学生的阅读速度和理解能力。

教学评估可以帮助我们了解学生的学习需求。在教学过程中,我们可能会发现一些学生在阅读理解、词汇积累等方面存在困难。这时,我们可以通过教学评估来了解学生的学习需求,从而提供个性化的教学服

务。例如,我们可以为这些学生提供针对性的辅导,帮助他们解决阅读理解、词汇积累等问题。

此外,教学评估还可以帮助我们了解教学方法的创新。在数字智能化时代,我们可以利用信息技术,如在线阅读平台、阅读辅助工具等,来提高教学效果。通过教学评估,我们可以了解这些新方法的适用性和效果,进而推广应用。

二、高校英语写作教学

(一)数字智能化时代对高校英语写作教学提出的新要求

1. 引入新技术和平台

在数字智能化时代,高校英语写作教学需要引入新的技术和平台,以提高教学效果。随着科技的不断发展,人们获取信息的方式也在不断变化,英语教学也需要适应这些变化。传统的教学方式已经无法满足现代学生的需求,因此,高校英语教学需要引入新的技术和平台。

在线教学软件是一种重要的技术,可以帮助学生更加自主地学习英语。通过在线教学软件,学生可以随时随地方便地进行学习,并且可以自主控制学习进度。同时,在线教学软件还可以提供丰富的教学资源,如英语文章、视频、音频等,可以帮助学生更好地理解英语语言。

虚拟现实技术也是一项非常有用的技术,可以帮助学生更加直观地学习英语。虚拟现实技术可以通过模拟真实的语言环境,让学生更好地理解英语语言的应用。例如,学生可以通过虚拟现实技术来模拟在英语国家的生活场景,更好地了解英语语言的应用。

除了以上两种技术,高校英语教学还可以引入其他的技术和平台,如智能语音识别技术、智能翻译技术等。这些技术和平台可以帮助学生更加高效地学习英语,并且可以为学生提供更多的学习资源。

在数字智能化时代,高校英语教学需要引入新的技术和平台,以提高教学效果。在线教学软件、虚拟现实技术等都是非常有用的技术和平台,可以帮助学生更好地学习英语。

2. 注重写作过程的指导与评价

在数字智能化时代,高校英语写作教学需要更加注重写作过程的指导与评价。传统的写作教学往往只注重最终的结果,而忽略了写作过程中的指导和评价,在数字智能化时代,传统的方法已经不再适用。因此,我们需要更加注重写作过程的指导与评价。

教师可以通过在线教学软件和写作反馈系统等工具,实时指导学生写作过程。在线教学软件可以帮助教师随时随地地指导学生写作,并提供实时的反馈和评价。例如,教师可以在写作软件中设置写作任务,并实时查看学生的写作进度和状态,及时为学生提供指导和帮助。此外,教师还可以通过写作反馈系统,为学生提供详细的写作反馈和评价。系统可以自动检查学生的语法和拼写错误,并提供相应的修改建议。这样,教师就可以及时发现学生的错误,并及时给予指导和帮助,提高学生的写作质量。

在数字智能化时代,高校英语写作教学还需要注重评价和反馈。评价和反馈是写作教学中的重要环节,可以帮助学生了解自己的写作情况,及时发现和改正错误。在数字智能化时代,评价和反馈可以更加全面和准确。例如,系统可以自动检查学生的语法和拼写错误,并提供相应的修改建议。此外,系统还可以自动评估学生的写作质量,并给出相应的评价和建议。这样,学生就可以更好地了解自己的写作情况,及时发现和改正错误,提高写作水平。

在数字智能化时代,高校英语写作教学需要更加注重写作过程的指导与评价。教师可以通过在线教学软件和写作反馈系统等工具,实时指导学生写作过程,并对学生的作品进行及时的评价和反馈。这样,学生就可以更好地了解自己的写作情况,及时发现和改正错误,提高写作水平。

(二)数字智能化时代背景下优化高校写作教学的有效策略

1. 加强写作技能训练

数字化和智能化的应用使得写作教学变得更加便捷和高效。例如,现在有许多在线写作工具和平台,可以帮助学生快速地完成写作任务。这些工具和平台不仅可以提供语法和拼写检查,还可以提供写作建议和反馈。这些工具和平台的使用可以提高学生的写作效率和质量,同时也可以增强学生的写作信心。

数字化和智能化的应用还可以为学生提供更多的写作资源和素材。例如,现在有许多在线英语写作教学资源,包括写作教程、写作示范、写作素材等。这些资源可以帮助学生更好地了解英语写作的技巧和要点,同时也可以为学生提供更多的写作素材和灵感。

数字化和智能化的应用还可以为学生提供更多的互动和交流机会。例如,现在有许多在线英语写作教学平台,可以帮助学生进行写作交流和互动。这些平台可以帮助学生相互学习、交流和分享写作经验和技巧,同时也可以帮助学生建立写作社群和写作团队。这些互动和交流的机会可以帮助学生更好地了解英语写作,同时也可以增强学生的写作能力和合作能力。

加强写作技能训练是数字化和智能化时代高校英语写作教学的重要内容。数字化和智能化的应用可以为学生提供更多的写作资源和素材,提高学生的写作效率和质量。同时,数字化和智能化的应用也可以为学生提供更多的互动和交流机会,增强学生的写作能力和合作能力。因此,加强写作技能训练是非常重要的,可以帮助学生更好地适应数字化和智能化的时代,提高学生的英语写作能力。

2. 利用科技手段提高教学效果

利用科技手段提高教学效果成为当前英语写作教学的一个重要课题。下面详细论述如何利用科技手段提高高校英语写作教学效果。

教师可以利用网络平台进行教学。通过建立班级微信群、QQ 群、钉钉群等,教师可以方便地与学生进行沟通和交流。教师可以在群聊中分享写作技巧、写作素材和优秀范文,同时也可以在线解答学生的疑问。此外,教师还可以利用网络平台布置作业、批改作业和进行成绩统计,大大提高了教学效率。

教师可以利用在线写作工具进行教学。在线写作工具如 WPS、百度文档等,可以让学生在电脑、手机等设备上进行写作。这些工具具有自动批改、智能纠错、实时反馈等功能,可以帮助学生更好地了解自己的写作水平,提高写作能力。在线写作工具还可以实现多人协作,教师可以组织学生进行小组写作,提高学生的团队协作能力。

教师可以利用虚拟现实技术进行教学。虚拟现实技术可以将写作教学场景模拟到课堂上,让学生在虚拟环境中进行写作。通过虚拟现实技术,学生可以更加直观地了解写作的各个方面,如语法、词汇、句型等,从而提高写作水平。此外,虚拟现实技术还可以为学生提供丰富的写作素材,帮助学生更好地进行写作。

教师可以利用人工智能助手进行教学。人工智能助手如小冰、智能写作助手等,可以为学生提供写作建议、修改建议等。这些助手可以根据学生的写作内容,给出相应的修改意见,帮助学生更好地进行写作。此外,人工智能助手还可以为学生提供写作素材,帮助学生丰富写作内容。

总之,在数字智能化时代,高校英语写作教学需要不断更新教学方法,利用科技手段提高教学效果。教师可以从网络平台、在线写作工具、虚拟现实技术和人工智能助手等方面入手,提高英语写作教学效果。

3. 评价方式改革

在数字智能化时代高校英语写作教学中,评价方式改革是非常重要的一环。传统的评价方式往往只是对学生的写作进行简单的评分,无法真正反映学生的写作能力和水平。因此,我们需要进行评价方式改革,以更好地评价学生的写作能力。

一种可行的评价方式是采用多种评价方式相结合的方式。除了传统的评分方式,我们还可以采用自动评分系统、同伴评价、教师评价等多种评价方式。自动评分系统可以对学生的写作进行自动评分,提高评价的效率和准确性;同伴评价可以让其他学生对学生的写作进行评价,从而更好地了解学生的写作能力;教师评价则可以对学生的写作进行更为深入的评价,了解学生的写作风格和水平。

另一种可行的评价方式是采用过程性评价的方式。传统的评价方式往往是对学生的最终作品进行评价,而过程性评价则是对学生的写作过程进行评价。通过过程性评价,我们可以更好地了解学生的写作过程,了解学生的写作难点和问题,从而更好地指导学生进行写作。同时,过程性评价也可以更好地反映学生的写作能力和水平,提高评价的准确性。

评价方式改革是一个长期而复杂的过程,需要不断地探索和改进。我们需要根据学生的实际情况,采用多种评价方式相结合的方式,采用过程性评价的方式,更好地评价学生的写作能力。同时,我们也需要不断地学习和探索新的评价方式,以适应数字智能化时代的需要。

三、高校英语翻译教学

(一)数字智能化时代对高校英语翻译教学提出的新要求

在数字智能化时代,高校英语翻译教学正面临着新的挑战和机遇。随着科技的飞速发展,尤其是互联网和人工智能技术的广泛应用,英语翻译教学的传统方式已经无法满足现代社会对英语翻译人才的需求。因此,我们需要结合数字智能化时代的特点,提出新的翻译教学要求,以适应这个时代的变化。

1. 提高教学的效率和质量

在数字智能化时代,教学资源的获取和传播变得更加便捷和高效。教师可以根据学生的需求和兴趣,利用网络平台、移动应用等多种方式,提供个性化的教学服务。借助人工智能技术,教师可以对学生的学习情况进行实时监控,及时发现并解决学生的问题,提高教学效果。

2. 培养学生的跨文化交际能力

在数字智能化时代,人们与世界各国的联系更加紧密,英语翻译人才需要具备较强的跨文化交际能力。因此,高校英语翻译教学应注重培养学生的跨文化意识,使他们能够在翻译过程中更好地理解和把握源语言和目标语言的文化差异。同时,教师还应引导学生关注国际时事,拓展他们的国际视野,适应全球化的发展趋势。

3. 注重翻译技能的实践和应用

在数字智能化时代,翻译工作不再局限于传统的书面翻译,而是更多地涉及口译、同声传译、本地化翻译等多种形式。因此,高校英语翻译教学应加强实践教学环节,让学生在模拟真实翻译环境中提高自己的翻译技能。此外,教师还应鼓励学生参加各类翻译比赛和实践活动,以提高他们的实际操作能力。

4. 关注翻译教学的创新和变革

在数字智能化时代，翻译教学需要不断地进行创新和变革，以适应时代的变化。例如，教师可以尝试运用翻转课堂、项目式学习等新的教学方法，激发学生的学习兴趣，提高他们的学习效果。同时，教师还应关注翻译教学的国际化趋势，借鉴国外先进的翻译教学理念和方法，以提高我国高校英语翻译教学的国际竞争力。

（二）数字智能化时代背景下优化高校翻译教学的有效策略

1. 利用数字智能化技术改进教学内容

随着科技的飞速发展，数字智能化技术已经渗透到了我们生活的方方面面。在教育领域，数字智能化技术的应用也在不断深化，特别是在高校英语翻译教学中，利用数字智能化技术可以改进教学内容，提高学生的学习兴趣和实践能力。

利用数字智能化技术改进翻译教学内容。传统的翻译教学内容往往比较抽象，学生很难将所学知识与实际应用联系起来。利用数字智能化技术，可以将翻译教学内容与实际应用场景相结合，使学生更容易理解和掌握。例如，教师可以通过在线翻译平台，让学生将所学的翻译知识应用到实际场景中，提高学生的实践能力。

利用数字智能化技术提高学生的学习兴趣。传统的翻译教学方式往往比较枯燥，学生容易产生厌倦感。利用数字智能化技术，可以为学生提供更加丰富多样的学习资源，激发学生的学习兴趣。例如，教师可以通过在线教育平台，为学生提供大量的翻译案例、视频教程等学习资源，使学生更容易产生学习兴趣。

利用数字智能化技术提高学生的实践能力。传统的翻译教学方式往往比较注重理论知识的传授，学生很难将所学知识应用到实际场景中。利用数字智能化技术，可以为学生提供更多的实践机会，提高学生的实践能力。例如，教师可以通过在线翻译平台，为学生提供大量的翻译实践任务，使学生在实践中不断提高自己的翻译能力。

总之，利用数字智能化技术改进高校英语翻译教学，可以提高学生的学习兴趣和实践能力，使翻译教学更加贴近实际应用。然而，数字智能化技术在翻译教学中的应用还面临一些挑战,例如,如何保证翻译质量、如何处理复杂的翻译问题等。因此,我们需要进一步研究数字智能化技术在翻译教学中的应用,推动翻译教学的发展。

2.构建多元化的翻译教学环境

在数字智能化时代,高校英语翻译教学的改革已经成了教育界关注的焦点。传统的翻译教学方式已经无法满足现代社会对于翻译人才的需求,因此,构建多元化的翻译教学环境成了提高学生学习兴趣和实践能力、激发创新思维的有效途径。

多元化的翻译教学环境可以提高学生的学习兴趣。传统的翻译教学方式往往以教材为主,教师讲解、学生听课。这种方式容易让学生感到枯燥无味,对翻译学习失去兴趣。多元化的翻译教学环境,可以通过引入各种教学资源,如在线翻译工具、翻译软件、翻译案例等,使学生能够更加直观地了解翻译的实际应用,从而提高学生的学习兴趣。①

多元化的翻译教学环境可以提高学生的实践能力。传统的翻译教学方式往往注重理论知识的传授,忽视了实践能力的培养。多元化的翻译教学环境可以通过组织翻译实践活动,如翻译比赛、翻译实习等,让学生在实际操作中提高翻译能力。此外,多元化的翻译教学环境还可以提供更多的翻译实践机会,如翻译工作坊、翻译工作室等,使学生在更多的实践中提高翻译能力。

多元化的翻译教学环境可以激发学生的创新思维。传统的翻译教学方式往往以教师为中心,学生被动接受知识,而多元化的翻译教学环境可以通过自主学习、合作学习等方式,让学生主动参与其中,从而激发学生的创新思维。此外,多元化的翻译教学环境还可以引入最新的翻译技术和翻译理论,如机器翻译、翻译记忆库等,使学生能够接触到最新的翻译技术,从而激发学生的创新思维。

3.建立有效的翻译教学评价体系

在数字智能化时代,高校英语翻译教学需要建立一个有效的翻译教学评价体系,这样可以对翻译教学进行有效的监控和评估,提高翻译教学的质量。有效的翻译教学评价体系应该包括以下几个方面。

---

① 王雪焕.高中英语教学中启发式教学法的应用[J].科学咨询,2019(2):1.

（1）建立全面的翻译教学评价标准。这个标准应该包括翻译质量、翻译速度、翻译效率、翻译准确性、翻译风格等多个方面。同时，这个标准应该具有可操作性和实用性，能够被教师和学生理解和执行。

（2）采用多种评价方式。评价方式应该包括教师评价、学生评价、自我评价、同伴评价等。这些评价方式应该相互补充，能够全面地评估学生的翻译能力。

（3）充分利用数字化工具。数字化工具可以提高评价的效率和准确性。例如，可以利用翻译软件来评估翻译的准确性，利用在线翻译平台来评估翻译的速度和效率。

（4）建立有效的评价反馈机制。评价反馈应该及时、准确、全面。教师应该根据评价结果，对学生的翻译教学进行调整和优化，学生也应该根据评价结果，对自己的翻译能力进行反思和提高。

第四节　高校英语跨文化教学

在当前数字智能化时代背景下，高校英语跨文化教学工作开展也面临着一定的挑战，这就要求高校英语教师应充分结合数字化智能化技术特点，积极转变教学观念，积极创新教学模式，不断完善和优化跨文化教学内容、方法及手段，充分激发学生的学习兴趣和热情，提升学生的跨文化交际能力。

一、数字智能化时代对高校英语跨文化教学提出的新要求

随着科技的飞速发展，数字智能化时代已经来临，这给高校英语跨文化教学带来了新的挑战和机遇。在这一背景下，高校英语跨文化教学需要适应新时代的需求，提出新的教学要求。

高校英语跨文化教学需要关注数字智能化时代对人才培养的新要求。在数字智能化时代，人才需要具备较强的创新能力、跨文化交际能力和信息素养。因此，高校英语跨文化教学应该在传授语言知识的同

时,注重培养学生的跨文化交际能力,使他们能够在多元化的社会环境中更好地适应和发挥作用。

高校英语跨文化教学需要加强对在线英语教学资源的利用。随着数字智能化技术的普及,互联网和移动设备的普及率越来越高,在线英语教学资源也越来越丰富。高校英语跨文化教学应该充分利用这些资源,为教师和学生提供更多的学习渠道和方式,提高教学效果。

高校英语跨文化教学需要关注跨文化交际能力的培养。在数字智能化时代,人们之间的交流越来越频繁,跨文化交际能力成为衡量一个人综合素质的重要指标。因此,高校英语跨文化教学应该注重培养学生的跨文化交际能力,使他们能够在不同文化背景下进行有效的沟通和交流。

高校英语跨文化教学需要注重实践教学。在数字智能化时代,实践教学越来越受到重视。高校英语跨文化教学应该加强实践教学,让学生在实际生活中运用所学知识,提高他们的跨文化交际能力。

综上所述,数字智能化时代对高校英语跨文化教学提出了新的要求。高校英语跨文化教学应该适应新时代的需求,关注人才培养、在线英语教学资源的利用、跨文化交际能力的培养和实践教学等方面,以提高教学质量和培养学生的综合素质。

二、数字智能化时代背景下优化高校英语跨文化教学的有效策略

(一)运用数字化智能化技术开展教学

高校英语教师应充分结合数字化智能化技术特点,不断加强对数字化智能化技术的学习和运用,创新跨文化教学模式,科学设计教学环节,以有效提升跨文化教学效果,推动高校英语跨文化教学的改革和发展。

(二)灵活运用线上线下混合式教学方法

在数字智能化时代背景下,高校英语教师应结合当前教育教学形势变化,不断创新和优化教学模式,并结合数字化智能化技术特点,灵活运用线上线下混合式教学方法,充分发挥其在高校英语跨文化教学中的积极作用。具体来说，高校英语教师在开展线上线下混合式教学工作时，应将学生作为课堂的主体，引导学生在课前通过网络平台自主学习相关课程内容；在课堂上教师可通过"视频 +PPT+ 师生互动"的方式开展授课，并结合线上教学手段和方法，引导学生充分利用碎片化时间进行自主学习；课后则可通过"小组讨论 + 课堂交流"的方式进行巩固学习。

（三）积极利用线上平台开展互动交流

在数字智能化时代背景下，教师应充分发挥线上平台的作用，将线上交流和互动渗透到跨文化教学中，创新教学模式，使学生通过线上平台交流英语学习心得、感受，在此基础上，教师还应借助线上平台对学生跨文化交际能力进行培养和提升。例如，教师可通过线上平台进行跨文化英语问答活动。同时还可以利用线上平台进行跨文化英语电影、电视节目的播放，帮助学生深入了解相关英语文化背景知识，从而更好地提升学生的跨文化交际能力。

（四）重视英语跨文化实践教学活动

在当前高校英语跨文化教学过程中，应注重实践教学活动的开展，在课堂上通过开展丰富多样的跨文化实践活动，引导学生主动参与到英语跨文化知识的学习过程中，提高学生对英语跨文化知识的认知和理解，帮助其树立正确的跨文化交际意识，进而有效提升学生的英语跨文化交际能力。

高校英语教师应积极转变教学观念，注重学生综合素质能力的培养，积极创新教学模式和方法，在传统英语教学的基础上不断进行改革与创新，使其能更好地满足时代发展需求。高校英语教师应充分利用数字化智能化技术优势，充分融合跨文化教学内容、方法及手段，不断激发学生的学习兴趣和热情，提升学生的跨文化交际能力。同时，高校英语教师也应积极探索数字化智能化技术在跨文化教学中的应用策略，不断创新和优化跨文化教学内容、方法及手段，不断完善和优化跨文化教学模式，使其能更好地满足时代发展需求，提升学生的英语综合素质能力。

第六章

数字智能化时代高校英语教育的教师发展

在当今社会,信息技术和网络技术的普及对英语教育领域产生了深远的影响。为了适应这一趋势,英语教师需要充分掌握信息技术,提升网络素养,以期全面促进英语教学水平的提升。在新的时代发展背景下,教师和教材的作用仍然不可忽视。换句话说,教师是英语教学体系中的重要组成部分,他们需要具备专业的知识和技能,以及良好的教学能力和素养。因此,英语教师在新的时代发展背景下,需要不断提升自身的专业素养和教学能力,以更好地适应新的教学环境和需求。同时,也需要积极探索新的教学方法和手段,更好地满足学生的需求和提高教学效果。

第一节　高校英语教师专业化发展的内涵

一、教师专业发展的相关内涵解析

教师专业发展的内涵主要包括如下几个方面。

（一）强调教师是潜力无穷、持续发展的个体

美国学者伯克认为，"教师专业发展"这个概念的基本假设是教师需要持续的发展。这一观念得到了富兰和哈格里夫斯的支持，他们指出，在探讨教师发展时，首先要认识到教师是一个"人"。尽管教师的生理已经趋近成熟，但在心智上，任何教师都有无限发展的可能和空间。与一般人一样，教师也是不断发展中的个体。[①]

不仅学生是发展中的个体，教师也是一直在变化、发展的个体。教师在职业生涯中需要不断学习、成长和适应新的教育环境。随着教育理念、教学方法和技术的不断更新，教师需要不断地提升自己的专业素养和能力，以更好地满足学生的学习需求。

总之，"教师专业发展"这一名词所要表达的核心理念之一就是教师是发展中的个体。这一理念强调了教师在整个职业生涯中持续成长和发展的重要性，以及教师在教育事业中的终身学习观念。教师专业发展有助于提高教育质量，促进教育公平，为学生提供更好的教育环境和教学资源。

（二）要求把教师视为专业人员

将教师视为专业人员，并不意味着当前所有的教师都已经达到了专业水准和专业地位。实际上，这是对教师未来发展的一种期望，是希望

[①]　梁忠义，罗正华.教师教育[M].吉林教育出版社，2000：4-5.

他们能够朝专业教育家的方向迈进。从社会的角度看,将教师定位为专业人员,有利于激发教师的潜能,提升教育水平。这是因为,专业人员的地位和权利能够得到社会的认可和尊重,从而为教师提供更好的工作环境和发展机会。

对于教师个人而言,要提高自己的专业地位,必须对自己有更高的要求和期许。明确职业目标和发展方向,才能不断努力提升自己的专业素养和教学能力。因此,教师的专业发展是教师在职业生涯中追求专业成长的过程。这个过程需要教师不断学习、实践、反思和创新,以适应教育环境和需求的不断变化,提高自己的专业素养和教学能力。

在这个过程中,教师还需要积极参与各类专业发展活动,如教育培训、学术研讨、教学观摩等。通过这些活动,教师可以拓展专业知识、交流教学经验、提升教学技能,从而实现专业水平的提升。

教师的专业发展是一个持续的过程,需要教师在职业生涯中不断努力和追求。

(三)强调教师成为学习者、研究者和合作者

教师工作中最令人振奋的部分是学习和帮助他人学习的特权。教师职业的专门化不仅是认知,更是持续奋斗的过程。它不仅是职业资格的认定,更是终身学习、不断更新的追求。更积极的是"教师即研究者"的观念,强调教师自发地学习和研究,而非仅视为待发展的个体。这一观念受到教师发展研究者的青睐,成为教师专业发展的重要组成部分。[1]

教师不仅需要专注于自身的学习和研究,还应承担起教育合作者的角色。这意味着教师需要与学生、同事、领导、社区和家长等进行沟通协作,尤其在现今的课程与教学改革背景下,教师间的协作尤为重要。尽管教师在处理教学事务时具有一定的自主性,但这种自主性的代价是不可避免的孤立性。

因此,为了促进教师间的协作,学校需要创造一个开放、包容的教育环境,鼓励教师分享教学经验、交流研究成果,共同探索教育问题的解

---

[1] 饶从满,邓涛.义务教育教师专业发展导论[M].哈尔滨:东北师范大学出版社,2015:12.

决方案。此外,学校还可以通过组织教师培训、工作坊和研讨会等活动,提高教师的协作意识和能力,促进教师的专业发展。

二、教师专业发展

(一)教师专业发展的一般阶段

教师专业发展通常包括以下几个阶段。

1.适应过渡期

初入职场的教师通常面临着许多挑战。由于他们的实战经验相对较少,对学校的运作、教学流程、学生需求等方面的了解也不够深入。这个阶段,他们需要逐渐适应工作环境,熟悉教学流程,掌握与学生相处的技巧,并开始寻找解决教学问题的有效方法。在这个过程中,初入职场的教师需要积极向有经验的同事请教,学习他们的教学经验和方法,同时,也需要不断反思自己的教学实践,总结经验教训,逐步提高自己的教学水平。此外,初入职场的教师还需要注重与学生之间的沟通和互动。需要了解学生的需求和兴趣,采用适合学生的教学方法和手段,激发学生的学习兴趣和动力。通过与学生建立良好的关系,教师可以更好地了解学生的学习情况,及时调整教学策略,提高教学效果。

2.成长期

经过一段时间的适应后,教师逐渐找到了工作的感觉和节奏,开始形成实际的教育观念。这个阶段是他们教学风格和教学模式形成的关键时期。

在这个阶段,教师需要对自己的教学实践进行深入思考和总结,逐步形成自己的教学风格。成长期教师需要不断尝试新的教学方法和手段,探索适合学生的教学模式,提高教学效果。同时,教师也需要不断反思自己的教学理念,不断完善自己的教育观念,以更好地适应不断变化的教育环境和学生需求。

在这个过程中,教师需要注重与同事之间的交流和合作,分享彼此的教学经验和成果,共同提高教学水平。同时,他们也需要积极参加各种教育培训和专业发展活动,不断提高自己的专业素养和教学能力。

3. 专业突破期

在长时间的教学工作之后,教师可能会感到职业新鲜感和好奇心锐减,这是正常的职业发展现象。然而,如果教师一直处于这种状态,他们的职业发展可能会停滞不前。

在这个阶段,教师需要积极寻找打破僵局的办法,为自己的职业发展找到新的突破口。可以尝试新的教学方法和手段,探索新的教学内容和领域,以重新激发自己的教学热情和好奇心。同时,教师也可以通过参加各种教育培训和专业发展活动,了解最新的教育理念和教学方法,提高自己的专业素养和教学能力,还可以与其他教师交流和分享经验,以获得更多的启示和灵感。此外,教师要关注学生的成长和发展,积极参与学生的课外活动和社团活动,了解学生的兴趣和需求,为自己的教学提供更多的动力和支持。

4. 专业更新期

随着时代的发展和知识的不断更新,教师需要不断反思和检讨自己的教学方法和知识储备。在这个阶段,教师需要灵活运用自己的知识和技能,结合时代的需求和学生的特点,进行有针对性的教学。同时,也需要不断学习新知识,更新自己的知识储备,以适应不断变化的教育环境和学生需求。

在这个阶段,教师的主观能动性是非常重要的。教师需要积极主动地探索新的教学方法和手段,尝试新的教学内容和形式,以激发学生的学习兴趣和提高教学效果。同时,教师也需要发挥自己的创造性和判断力,灵活应对各种教学挑战和问题,为自己的职业发展注入新的动力和活力。

此外,教师还需要注重与学生的沟通和互动,了解学生的需求和兴趣,以更好地满足学生的需求和提高教学效果。同时,也需要积极参与学校和社区的教育活动,与其他教师交流和分享经验,提高自己的专业素养和教学能力。

5. 专业成熟期

这是教师专业发展的最后一个阶段,教师已经积累了丰富的经验和技能,能够自如地应对各种教学挑战。在这个阶段,教师已经形成了自己独特的教学风格和教学模式,能够根据学生的需求和特点进行有针对性的教学。同时,他们也能够灵活运用各种教学方法和手段,提高教学效果和学生的学习成绩。

在这个阶段,教师通常能够在教学领域中发挥领导作用,能够为学校和社区提供专业的指导和建议,推动学校和社区的教育改革和发展。同时,他们也能够为学生提供更加深入和专业的指导和支持,帮助学生更好地成长和发展。

此外,这个阶段的教师还能够积极与其他教师交流和分享经验,推动学校和社区的教育合作和发展。积极参与各种教育培训和专业发展活动,不断提高自己的专业素养和教学能力,为学校和社区的教育事业做出更大的贡献。

需要注意的是,以上阶段是教师专业发展的一般趋势,但不同教师个体在发展过程中可能会存在差异。此外,教师的专业发展是一个持续不断的过程。无论在哪个阶段,教师都需要不断地学习、实践和反思。随着教育环境和需求的变化,教师需要不断地更新自己的知识和技能,以适应新的教学挑战。同时,教师也需要对自己的教学实践进行反思和总结,发现自己的不足之处,并寻找改进的方法。在这个过程中,教师需要保持开放的心态和持续学习的精神,积极寻求专业发展的机会,参加各种教育培训和专业发展活动,与其他教师交流和分享经验。同时,教师也需要对自己的教学进行深入的思考和研究,探索新的教学方法和手段,以提高教学效果和学生的学习成果。[①]

（二）教师专业发展的影响因素

教师专业发展的影响因素可以从以下几个方面详细论述（图6-1）。

1. 个人因素

个人因素对教师专业发展的影响深远而直接。教师的职业认同感是他们专业发展的基石,它决定了教师是否能够全身心地投入教育工作,积极面对挑战,不断提升自我。如果教师对自己的职业有强烈的认

---

① 任磊.美术课程与教学论[M].北京:北京理工大学出版社,2019:134-135.

同感,就会更加珍惜这份工作,更愿意投入时间和精力去提高自己的教学能力。具有自我提升意识的教师会主动寻求学习机会,不断更新自己的知识和技能,以适应不断变化的教育环境。主动学习新的教育理念和教学方法,探索新的教育模式,从而提高自己的教学水平和专业素养。具有强烈学习意愿和动机的教师会积极寻找学习机会,主动学习新的知识和技能,以提升自己的教学能力。积极参加各种教育培训和专业发展活动,与其他教师交流和分享经验,从而不断拓展自己的视野和知识面。

因此,如果教师能够深刻认同自己的职业,认识到自我提升和教育改革的重要性,并积极寻求学习机会,专业发展将会得到显著的提升。这不仅有助于提高教师的教学水平,也有助于推动学校和社区的教育改革和发展,为学生的成长和发展提供更好的支持和帮助。

图6-1 教师专业发展的影响因素

2. 环境因素

社会经济文化的发展水平对教师的专业发展产生着深远的影响。一个健康、文明、和谐的社会环境可以为教师提供良好的教育教学氛围,促使教师积极投身于教育事业,不断提升自身的专业素养。社会对教育的重视程度和投入力度直接影响到教师的工作积极性和专业发展动力。当社会对教育的关注度高、投入充足时,教师会感受到自己承担着重要的社会责任,有义务为学生的成长和社会的进步贡献力量。这有助于激发教师的工作热情和自我提升意识,促使他们不断学习和提高自己的专业素养。社会的教育观念和价值观也会影响教师的职业认同感和使命感。在一个重视教育、尊重教师的社会环境中,教师会更加自豪地看待自己的职业,更加珍视自己的工作成果,这有助于增强他们的职业认同感和使命感。这种积极的情感体验会激发教师不断追求专业发展,提高自己的教育水平和教学效果。

此外,社会的经济文化发展水平也会对教师的专业发展产生影响。随着社会经济的发展和科技的进步,新的教育理念、教学方法和教学手段不断涌现,需要教师不断更新知识和技能。同时,社会的文化氛围也会影响教师的学习和成长,在一个开放、包容、多元的社会环境中,教师更有可能接触到不同的教育理念和方法,从而促进他们的专业发展。

3. 学校因素

学校作为教师进行教育教学工作的主要场所,对教师的专业发展具有深远的影响。一个公正、公平、人性化的管理制度能使教师的工作环境更加和谐,提高他们的工作满意度和投入度。比如,合理的评价和奖励制度可以激励教师更加努力地提升自己的教学水平。同时,管理制度也应为教师的专业发展提供足够的支持,如提供培训、学习资源和时间等。教学质量是衡量一个教师专业能力的重要标准,也是教师专业发展的目标。教学质量的高低与教师的教学理念、教学方法和课堂管理能力等都有关。因此,教师应不断学习和探索新的教学方法和策略,提高自己的教学水平,以更好地促进学生的学习和发展。一个积极向上、团结协作的团队可以激发教师的工作热情和创新精神,为教师的专业发展提供源源不断的动力。

此外,通过科研,教师可以不断探索教育的本质和规律,提高自己的学术水平;通过培训,教师可以获得新的知识和技能,拓宽自己的专业视野。这些都将有助于教师更好地适应教育变革和发展,提高自己的专业素养和能力。

4. 教师群体因素

教师群体之间的互动是一个复杂的过程,它涉及相互学习、交流、合作和竞争等多个方面。这些互动状态不仅影响着教师的专业成长,还对整个教育系统的发展产生深远的影响。在日常工作中,教师会遇到各种各样的问题和挑战,通过交流,可以共同探讨解决问题的方法,提高工作效率。此外,交流还可以增强教师之间的情感联系,形成和谐的工作氛围。

每位教师都有自己的教学风格、教学方法和经验,通过相互学习,教师可以取长补短,不断提高自己的教学水平。在教师群体中,可以定期组织教学观摩、研讨等活动,让教师们分享自己的教学经验和心得,从而促进共同成长。在教育工作中,很多任务需要教师们共同完成,如课程开发、教学活动组织等,通过合作,教师可以集思广益,充分发挥各自的优势,提高工作效果。同时,合作还有助于培养教师的团队协作精神,增强整个教师团队的凝聚力。

当然,竞争也是教师之间互动不可避免的一个方面。适当的竞争可以激发教师的工作热情和创造力,提高工作效率。然而,过度的竞争可能会导致教师之间的紧张关系,影响团队合作。因此,在教师群体中,应该倡导良性竞争,鼓励教师通过自己的努力和创造来实现个人和团队的发展。

第二节　数字智能化时代高校英语教师的专业素质与能力

一、教师是其专业发展强有力的内在动因

高校英语教师专业发展经历了从被忽视到受关注的过程,反映了英语教师个体地位和作用的提升。现代教育理念强调教师的自主专业发展意识,成为教师专业发展的重要影响因素。我国学者提出了多种理论,如自我更新、反思性道路和自主发展论,都强调了教师在专业发展中的主体地位和作用。

英语教师有明确的目标和期望,渴望提升自己的专业素养和教学能力。他们在教学过程中的挑战和问题促使他们反思和改进,发现不足并有针对性地提升自己的教学能力。英语教师还具有自主学习的意识和能力,根据自身发展和教学需求主动学习和掌握新知识、新技能。此外,英语教师还具备创新意识和探究精神,探索新的教育理念和教学模式以适应变化的环境和学生需求。

当前,我国对英语教师专业发展的研究强调校本教研、专家引领、同伴合作、自我反思的发展路径。要发挥英语教师的专业自主意识,需激发其自发、自觉的专业发展意愿,使各种途径获取好的成效。因此,如何调动英语教师的主体性,发挥其作为强力动因的专业发展,成为重要课题。

在实际工作中,英语教师可以通过多种途径实现专业发展。例如,参加教育培训、学术研讨、教学观摩等活动,提高自己的专业知识和教学技能;与同事、专家进行交流与合作,分享教学经验,共同探讨教育问题的解决方案;积极参与教育改革项目,探索新的教学模式和方法。总之,英语教师应充分发挥自己的主体性,主动寻求专业发展的机会和资源,以提高自己的专业素养和教学能力。

二、文化是影响教师专业发展的重要因素

随着研究的深入,人们对教师专业发展的理解不断丰富和深化,逐渐从单一维度走向多元维度。教师专业发展不仅关注知识和技能的掌握和提高,更强调教师的自我反思和知识建构,以及文化因素对教师发展的影响。[①]

(一)利伯曼的观点:教师专业发展是一个文化建设过程

利伯曼强调,教师专业发展的核心是教师的学习和持续的实践探究。这不仅仅是一个技术层面的提升,而是教师能够深入反思自己的教学理念、价值观以及与他人的合作关系。教师专业发展不仅仅关注教师个体的发展,更希望在学校中营造一种合作、共享的文化,鼓励教师之间的相互学习,共同成长。

理想的教师专业发展,不应仅局限于知识和技能的增强,而应被视为一个系统的文化建设过程。这涉及教师之间的交流、合作、共享和反思,是一个团队共同进步的过程。过去,大众可能更关注教师的知识和能力,但现在我们意识到这并非全部。教师的努力、学校环境、组织条件

---

① 周帆.高校英语教育教学理论与实践研究 教学方法及理论 [M].吉林大学出版社,2017:59-60.

等都是影响教师专业发展的重要因素,因此需要一个更全面、更综合的视角来理解教学工作的复杂性和教师专业发展的多元性。

此外,教师专业发展不仅仅是教师个人的事情,它与整个学校的文化、氛围都紧密相连。一个良好的学校文化可以为教师的专业发展提供有力的支持,反之亦然。这是一个双向的过程,需要教师和学校共同的努力和投入。因此,对于教师专业发展的理解,不能仅停留在知识和能力的层面,而应该看到它背后所涉及的更广泛、更复杂的因素。需要深入理解教师的内心世界。只有这样,才能真正促进教师的专业发展,为他们的成长提供更多的支持和帮助。

(二)哈格里夫斯和富兰的三维度理解:知能发展、自我理解、生态改变

哈格里夫斯和富兰在总结教师"教学机会"的观点时,提出了以下三种看法:第一种,他们认为需要给教师提供学习和获取有效教学的知识和技能的机会,帮助教师不断提升自己的专业知识和技能水平。第二种,他们强调需要发展教师的个人品质、责任意识和自我理解,使教师成为敏感且灵活的人。这意味着教师不仅需要具备专业知识和技能,还需要具备良好的个人品质和情感智能,能够灵活应对各种教学情境和挑战。第三种,他们提出需要创设一种支持性的工作环境,使教师的职业生涯不仅仅是为了生存,更是为了获得专业学习、持续改进自身以及更好地进行教学的机会。这强调了教师在专业发展过程中需要一个积极、支持和鼓励的工作环境,能够提供持续学习和改进的机会,激发教师的创造力和创新精神。

相应地,哈格里夫斯和富兰指出教师专业发展可以从以下三个方面来理解:

(1)教师专业发展作为知识和技能的发展,即通过不断学习和实践提升教师的专业知识和技能水平。

(2)教师专业发展作为自我理解,即教师在专业发展过程中不断反思和认识自己,提升自我认知和情感智能。

(3)教师专业发展作为生态改变,即教师在专业发展过程中不仅提升自己的专业素养和能力,同时也推动学校和整个教育系统的变革和发展。

教师专业发展的核心在于提升其为学生提供优质教育的能力,而这一能力的基础在于教师所掌握的有用的知识和技能。教师的专业性问题,在某种程度上,主要聚焦于教师如何提高教学水平,以及如何发展其专业知识和技能。为学生未来的事业和发展提供一个坚实的知能基础,是教师专业发展的首要任务。

教师的发展,首先是个人的成长。在这个过程中,自我理解起到了至关重要的作用。自我理解是对个人实践经验的反思和构建,它基于教师的生活和工作,关注教师作为个体生命的认知过程。这种自我理解强调教师教学行为背后的态度和信念的转变,认为教师的行为与他们的信念、态度紧密相关。因此,教师的自我理解不仅是对个人实践知识的反思,更是对自身态度和信念的深入探究。这种自我理解能够帮助教师更好地理解自己的行为和决策背后的原因,从而更好地应对教育教学的挑战和变化。同时,自我理解也有助于教师发现自己的内在需求和发展动力,激发他们在教学工作中的创造性和热情。教师的自我理解是一个持续不断的过程,需要教师在实践中不断反思、学习和成长。只有这样,教师才能真正地理解自己,提升个人的专业素养和教学能力,实现个人和职业的共同发展。

当然,教师的发展不仅仅是个人的事情,它还涉及更大的环境因素。教师的成长和成功与其所处环境的性质密切相关。环境的性质决定了教师的发展是有效还是无效,特别是教师的工作环境、教学环境和学校文化,这些因素共同为教师的专业发展提供了条件,尤其是教师文化、学校文化,它们为教师工作提供意义、支持和身份认同,是创造一个支持教师持续发展的环境的关键所在。

(三)我国学者的相关探索

近年来,学者从文化视角深入研究了教师的成长,主要涉及两方面:一是文化,特别是教师文化和学校文化,作为影响教师专业发展的外部因素。改进这些文化有助于教师专业发展和学生学习成果的提升。学者倡导将教师文化转向合作、民主和关怀,并营造良好的社会文化环境来激发教师的自我发展意识。二是剖析了教师专业发展的文化理论基础,指出传统模式过于关注技能和方法,导致教师"工具理性导向",缺乏独立思考和自主性,无法满足 21 世纪多元社会的挑战。

学者们强调文化因素在教师专业发展中的重要性,特别是学校文化和教师文化。改进这些文化可以激发教师的内在动力和专业素养。学校文化应注重合作、民主、关怀和反思,为教师发展提供支持性和激励性环境。教师文化的改变也能促进教师专业成长和学生学习成绩的提高。需要将教师文化转向合作、民主和关怀,并创造良好的社会文化环境来促使教师形成自我专业发展的意识。

教师专业发展不仅是知识和能力的提升,更是一个持续不断的学习和文化建设过程。这意味着教师的专业成长不仅仅是个人技能和知识的积累,还需要关注教师在更广阔的社会文化背景中的发展。在这个过程中,教师需要不断地反思和改进自己的教学理念和方法,同时积极参与学校和教师群体的文化建设,形成一个支持和激励教师专业发展的良好氛围。

在这种背景下,教师不能仅仅满足于教学工作,而忽视自身学习的需要。他们需要不断地学习、反思和成长,以适应不断变化的教育环境和学生需求。同时,教师也不能单纯地接受专家的理论而缺乏自己的文化反思和文化自觉,需要在实践中不断探索、总结经验,形成自己的教育理念和文化认同。

因此,文化视角为我们提供了更深刻地洞察教师专业发展的机会。通过关注文化因素在教师专业发展中的作用,我们可以更好地理解教师的成长过程,并为他们提供更有针对性的支持和指导。同时,这也提醒我们,教师的专业发展是一个长期、复杂的过程,需要我们持续地关注和投入,以促进教师的全面发展。

三、数字智能化背景下高校英语教师的能力要求

教师在教学中培养学生的语言能力和跨文化交际能力,需要具备较高的专业水平和教学能力,特别是跨文化教学能力,包括传授语言知识、发展学生的语言能力、提高学生的跨文化意识以及培养学生的跨文化交际能力。

（一）教材评估、选择和使用能力

在跨文化交际教学中,教师对教材的评估、选择和使用能力至关重

要。教师的教学活动主要以教材为依据,而为了培养学生的语言能力和跨文化交际能力,教师需要对教材进行深入的评估和选择。这意味着教师不仅要考虑教材的知识性和教育性,还要评估教材是否能够帮助学生了解不同文化背景下的语言和交际规则。教师在评估教材时,需要仔细研究教材的内容、语言难度、文化覆盖面等方面,以确保所选教材能够满足跨文化交际教学的需求。

除了评估外,教师在选择教材时,还应确保所选教材的真实性和可靠性。教材来源于实际的语言使用场景,而不是经过人为加工或修改的。真实的教学材料能够帮助学生更全面地了解不同文化背景下的语言使用情况,从而更好地掌握跨文化交际的技巧。

此外,教师还需要根据具体的教学情况和学生的学习情况,对教材进行适当的调整和改编。由于不同的学生群体具有不同的学习需求和文化背景,因此教师需要根据学生的实际情况对教材进行适当的调整,以更好地适应学生的学习需求。同时,教师还可以根据实际的教学情况对教材进行适当的补充和删减,以使教学更加灵活和有效。

（二）跨文化课堂教学能力

跨文化课堂教学是实现英语教学跨文化转型的关键路径,也是培养学生跨文化交际能力的重要环节。因此,教师需要具备开展有效跨文化课堂教学的能力。

教师需要对学生的学习背景和个体差异进行深入分析,了解学生对目的语文化的态度以及他们对目的语文化知识的掌握程度。通过这种方式,教师可以更好地理解学生的需求和挑战,从而根据学生的实际情况制定适应的教学策略。

在选择教学内容、教学方法和教学活动时,教师需要充分考虑具体的教学环境、教学目标和基本教学原则。这要求教师具备灵活的教学策略和广泛的文化知识,能够根据实际情况选择合适的教学资源和方法。此外,教师还需要设计具有实际意义和趣味性的教学活动,激发学生的学习兴趣和参与度。

在教学过程中,教师需要保持客观的态度,将教学视为一个动态的过程。这意味着教师需要不断反思和调整自己的教学方法,积极鼓励学生参与教学活动,并确保师生之间、学生与学生之间进行积极的交流。

这种互动的教学方式有助于培养学生的批判性思维和跨文化交际能力。

在语言文化教学方面,教师需要具备足够的教学素质,能够合理运用语言文化教学方法。这意味着教师不仅要教授语言知识,还要引导学生深入了解目的语文化的内涵和价值观。通过比较不同文化之间的差异,教师可以帮助学生更好地理解和尊重文化多样性,避免在跨文化交际中出现误解或失误。

(三)课外学习与实践的组织和指导能力

课堂活动作为课堂教学的延伸与补充,与课堂教学紧密相连,相辅相成。教师不仅要发挥在课堂上作为引导者和帮助者的作用,同时也要关注学生在课外文化学习中的需求。通过组织和指导学生的课外学习与实践,教师可以帮助学生丰富文化知识、提高文化能力,从而更好地应对跨文化交际的挑战。[①] 课堂教学的时间有限,而文化的内涵广泛且复杂,因此,鼓励学生参与课外学习和实践,提供更多的机会让他们接触和理解不同的文化,是扩充学生文化知识的有效途径。

教师可以通过组织和指导学生的课外学习与实践,帮助他们梳理本族文化和他族文化之间的关系。这有助于学生理解文化的多样性和包容性,并培养他们尊重和欣赏不同文化的态度。在这个过程中,教师还需要关注学生价值观的树立,引导他们以开放和包容的心态对待不同的文化观念和习俗。教师还可以通过创新课外活动的方式激发学生的文化学习兴趣和欲望。例如,组织文化主题的讲座、展览、电影放映等活动,或引导学生参与跨文化交流项目和志愿者工作,让学生在亲身体验中感受文化的魅力。

(四)现代信息技术使用能力

在跨文化教学中,教师应当充分利用现代信息技术,为学生提供更为丰富和多样的文化学习资源,从而提升学生的跨文化意识,培养他们的跨文化交际能力。教师需要根据教学和学生的实际需求,合理运用现

---

① 苏婷婷,董霞,靳慧敏.互联网背景下的大学英语教学创新研究[M].北京:中国书籍出版社,2023:223.

代化信息技术来创设跨文化交际语境。通过模拟真实的跨文化交际场景,教师可以帮助学生更好地理解和应对不同文化背景下的交际情境。这不仅可以增强学生的文化敏感度,还可以为他们提供实践的机会,使他们在实际操作中提高跨文化交际能力。

随着信息技术的快速发展,新的教学工具和平台不断涌现,为跨文化教学提供了更多的可能性。教师应当积极学习和掌握这些新技术,将信息技术与教学紧密结合,优化教学环境,提高教学效果。教师在使用信息技术进行教学的过程中,还需要注重培养学生的信息素养。这意味着教师不仅要教会学生如何使用信息技术工具,还要培养他们批判性地处理和应用信息的能力。在面对大量信息时,学生需要学会筛选、分析和评估信息的质量和可靠性,以确保他们在跨文化交际中能够做出正确的判断和决策。

第三节　数字智能化时代高校英语教师的专业化发展方向

在数字智能化时代,高校英语教师面临许多新的挑战和机遇。高校英语教师的专业化发展方向应紧密结合时代特征,不断提高自身的数字化教学能力、创新教学方法、保持终身学习、加强合作与交流、提升研究与反思能力、注重数据驱动决策、关注行业动态并遵守教育技术伦理,只有这样,教师才能更好地适应时代的发展。

一、数字化教学能力

在智能化教育的背景下,数字技术已经成为英语教学不可或缺的辅助工具。教师需要掌握如何运用这些技术,将其有效地整合到教学过程中,以提高教学效果。首先,教师需要了解和掌握各种数字技术工具的基本功能和使用方法。这包括在线学习平台、数字课件、智能教学软件等。通过参加培训、阅读相关教程和与同行交流,教师可以快速熟悉这些工具的操作和特点。其次,教师需要思考如何将这些工具与英语教学相结合。不同的工具适用于不同的教学场景和需求,教师需要根据教学内容和目标选择合适的工具。例如,利用在线学习平台可以为学生提供丰富的学习资源和互动练习;数字课件可以帮助教师生动形象地展示教学内容;智能教学软件能够为学生提供个性化的学习指导和反馈。

在整合数字技术工具的过程中,教师还需要关注学生的学习体验和需求。良好的学习体验能够激发学生的学习兴趣和积极性,提高教学效果。因此,教师在选择和使用数字技术工具时,需要关注学生的反馈和表现,不断调整和优化教学方法和工具。

此外,教师还需要具备数据意识和分析能力。数字技术工具通常会生成大量的教学数据,这些数据对于教师了解学生的学习情况和问题具有重要意义。教师需要掌握如何收集、分析和利用这些数据,以便更好地评估教学效果、调整教学策略和提高教学质量。

二、创新教学方法

在数字化和智能化的浪潮中,英语教学的方法也面临着前所未有的创新要求。传统的课堂教学模式已经不能满足当今学生的学习需求,教师需要积极探索如何利用新的技术手段来提升教学效果。其中,虚拟现实(VR)和人工智能(AI)等先进技术为英语教学带来了全新的可能性。通过虚拟现实技术,教师可以为学生创造沉浸式的学习环境,让他们在模拟的真实场景中学习和实践英语。这种身临其境的学习方式能够极大地提高学生的学习积极性和参与度,让他们更加主动地投入学习。

人工智能技术在英语教学中的应用也越来越广泛。教师可以使用智能语音识别和自然语言处理等技术,为学生提供个性化的学习方案和实时反馈。人工智能还可以辅助教师进行教学管理,如自动批改作业、分析学生表现等,减轻教师的工作负担,让他们有更多的时间关注学生的个性化需求。

除了探索新的技术手段,教师还需要采取一系列措施来促进教师与新课程共同成长。如建立教师研究课制度,为教师提供多种交流平台,如论坛、沙龙、研讨会、课改专栏和教师博客等。这些平台可以引导教师敢于思辨,正面交锋,立足课堂,催生智慧,营造浓郁的研讨氛围。通过这些平台,我们可以形成一个又一个智慧共生的"学习共同体"。

结合英语教学的特点,英语教师用英语组织和参与沙龙效果最好。

每次由一个备课组负责组织,活动内容多样化,包括话题辩论、教学法讨论、案例交流和点子帮助等。这种组织形式不仅提高了教师的英语水平,还促进了教师之间的交流与合作,有助于提高教学质量和效果。此外,学校还可以邀请专家学者、优秀教师和教研员等为教师提供专业指导和支持,与教师分享先进的教学理念、方法和经验,为教师的专业成长提供有力的保障。

三、终身学习

随着数字技术的飞速发展,教育领域正经历着前所未有的变革。从在线学习平台到智能教学软件,技术的进步为教师提供了更多的教学工具和资源。为了充分利用这些工具和资源,教师需要了解如何将数字技术与英语教学相结合,提高教学效果。这意味着教师需要不断学习新的教学方法和技术,掌握数字教育的新理念和技能。

数字技术的发展也带来了教育数据的爆炸式增长。通过对这些数据的分析和利用,教师可以更准确地了解学生的学习情况,制定更有针对性的教学计划。为了充分利用教育数据,教师需要掌握相关的数据分析技能,如数据可视化、数据挖掘等,通过数据分析,教师可以更好地理解学生的学习需求和问题,优化教学内容和方法。

数字技术的不断发展也要求教师具备网络安全和数据保护的意识。在教育信息化和数字化的过程中,教师需要关注学生的隐私和数据安全,采取必要的安全措施来保护学生的个人信息。这要求教师了解相关的法律法规和最佳实践,确保在利用数字技术进行教学时遵守规定并保护学生的权益。

作为这场变革的推动者和参与者,教师需要保持持续学习的态度,不断更新自己的知识和技能。这不仅是为了应对教育的新挑战,也是为了更好地适应时代的发展。

四、合作与交流能力

在全球化背景下,英语教师的作用愈发凸显,他们不仅需要教授语言知识,还需要培养学生的跨文化交流能力。具备跨文化交流能力的英语教师,能够更好地引导学生理解和尊重不同文化,培养他们的全球视野和跨文化交际能力。这不仅有助于学生适应全球化时代的工作和生活,也有助于他们在跨文化交流中取得成功。

此外,英语教师还需要具备与其他教师、行业专家等进行合作的能力。通过与同行合作,教师可以分享教学经验、资源和策略,共同解决教学中遇到的问题,提高教学效果。同时,与行业专家合作,可以让教师及时了解行业动态和需求,将英语教学与实际工作情境相结合,为学生提供更加实用和有针对性的教学内容。

这种合作不仅有助于提高教师的专业素养和教学水平,还可以促进教师之间的互动和共同成长。通过跨学科、跨领域的合作,教师可以打破学科壁垒,拓展自己的知识视野,创新教学方式和内容。这种合作模式也有助于构建一个积极向上的教育生态,推动英语教学的持续发展。

五、研究与反思能力

教师需要具备一定的研究能力,以便能够对教学实践进行深入的反思和总结,提炼出最佳实践方案,并在此基础上进行创新。为了促进教师的自我反思和教学观念的转变,我们可以积极倡导叙事研究的方法。叙事研究是一种以故事为主要载体,通过描述和反思教育实践中的真实情境,提炼经验并获得共同发展的研究方法。教师可以通过撰写教学反思、课堂故事等方式,记录自己的教学实践和经验,这些故事可以反映教师的失败与成功、反思与飞跃,是教师教育智慧的结晶。通过叙事研究,教师可以深入反思自己的教学观念和行为,发现自己的不足之处,并寻求改进的方法。

在叙事研究中,教师可以相互交流和分享自己的经验,从他人的故事中获得启示和借鉴。这种交流不仅有助于教师个人的成长,还能促进整个教师团队的共同发展。通过相互启迪和激励,不断更新教学观念和教学方法,提高教学质量和效果。此外,学校可以组织教育叙事分享会等活动,鼓励教师积极参与分享自己的故事。这些活动可以为教师提供一个展示自己、交流学习的平台,同时也能激发教师的创造力和教育热情。

此外,教师的研究能力还体现在对提炼最佳实践方案的探索上。在反思的基础上,教师需要将有效的实践经验和方法总结提炼出来,形成具有可操作性和可复制性的最佳实践方案。这不仅有助于提高教师的教学水平，还可以为其他教师提供有益的参考和借鉴。

最重要的是，具备研究能力的教师能够在最佳实践方案的基础上进行创新。他们不满足于现有的教学成果，而是勇于尝试新的教学方法和策略，以适应不断变化的教育环境和学生需求。通过创新，教师可以不断推动教学实践的发展，为学生提供更加丰富、有趣和有意义的学习体验。

六、数据驱动决策

教师需要了解如何使用数据进行决策，以更好地调整教学策略，优化学生的学习体验。数据驱动的决策可以帮助教师更准确地了解学生的学习进度、学习难点和需求，从而制定更有针对性的教学计划。

教师收集学生的学习数据，包括考试成绩、课堂参与度、作业完成情况等。通过分析这些数据，教师可以发现学生在学习过程中的问题，例如，哪些知识点掌握得不够扎实，哪些题型容易出错等。这些数据可以帮助教师更准确地评估学生的学习进度和水平，如果数据分析显示大部分学生在某一章节的掌握程度较低，教师可以针对这一章节重新设计教学内容和教学方法，加强这一部分的讲解和练习。教师还可以根据学生的学习难点进行个性化指导，帮助学生解决学习中遇到的问题。

此外，教师需要培养自己的数据意识和分析能力。这不仅包括对数字和统计知识的了解，还包括对教育数据的解读和应用能力。教师可以通过参加相关培训、阅读教育数据方面的专业文献等方式来提高自己的数据素养。

七、关注行业动态

为了使学生更好地适应社会需求，教师需要关注英语相关行业的发展动态，了解新的职业要求和技能需求。首先，教师应该定期关注行业趋势和新兴领域，了解英语语言在各个领域的具体应用。例如，随着全球化进程的加速，英语在商务、旅游、国际关系等领域的重要性日益凸显。教师需要了解这些领域对英语人才的需求和要求，以便为学生提供更有针对性的指导。

此外，教师还应该与行业专家和企业保持联系，了解最新的职业动态和技术发展。通过与行业人士的交流,教师可以获取关于职业规划、技能培训和行业标准等方面的信息,这些信息对于帮助学生制定个人发展计划和提升职业技能至关重要。同时,教师可以将行业中的实际案例和项目引入课堂教学,让学生在学习过程中接触到实际的工作环境和任务。这种实践性的教学方式能够帮助学生更好地理解职业要求,提高就业竞争力。

八、教育技术伦理

在使用数字技术进行教学时,教师需要遵循教育技术的伦理规范,以保护学生的隐私和数据安全。教师应该严格遵守隐私法规,确保收集和使用学生个人信息时得到学生的明确同意,并仅用于教学和改进教学的目的。对于学生的选择和权利,教师应该给予足够的尊重,如果学生不愿意使用某个应用程序或服务,教师应该尊重他们的决定。同时,教师需要采取必要的安全措施来保护学生数据,包括使用强密码、定期更新软件和安全补丁、使用加密技术来保护数据传输和存储等。此外,教师应该与学生和家长保持透明沟通,明确说明如何收集和使用学生数据,以建立信任并确保学生和家长了解自己的权益。

为了更好地保护学生的隐私和数据安全,教师还需要了解并遵循相关的教育技术伦理原则。这些原则要求教师在使用数字技术进行教学时保持中立、公正和客观,不因个人偏见或利益而影响学生的学习。教师应该具备批判性思维和伦理判断力,在面临伦理困境时能够做出正确的决策。

此外,教师还应该关注数字技术的最新发展,了解相关的伦理问题和挑战,并积极参与讨论和制定相应的伦理规范。通过遵循教育技术的伦理规范,教师不仅能够保护学生的隐私和数据安全,还能够建立信任和良好的师生关系,促进数字技术在教育中的可持续发展。

第四节 数字智能化时代高校英语教师的专业化发展路径

一、完善教师自主专业发展路径

完善教师自主专业发展路径是一个复杂而重要的任务，涉及多个方面的策略和措施。

（一）学习：提升数字素养促进终身学习

在数字智能化时代，英语教师面临着前所未有的挑战。技术的快速发展和知识的迭代加速要求教师不断更新自己的教育教学理念，不断充实自己的专业知能。在这样的背景下，英语教师必须成为终身学习者，持续探索更有效的教育教学方法。

数字素养是英语教师在这一时代所必须具备的基本能力和素质。这不仅包括基本的计算机操作技能，还包括利用数字技术进行教学的能力，如使用在线平台、数字资源和工具进行有效的在线教学。

为了培养英语教师的数字素养，我们需要从多个方面入手。首先，应该充分认识到数字素养的价值，理解其在提高教学质量和效率方面的作用。其次，应满足教师的个性化学习需求，提供多样化的学习资源和培训机会，使教师能够根据自己的需求和兴趣进行学习。同时，应搭建智能教学空间，为教师提供先进的教学设备和工具，使他们能够更好地利用数字技术进行教学。此外，还应营造数字化教学氛围，鼓励教师尝试新的教学方法和手段，提供必要的支持和指导。最后，应提供外部支持，包括技术支持、培训和资源共享等，以帮助教师更好地适应数字智能化时代的挑战。

通过这些措施的实施，英语教师将能够更好地适应数字智能化时代的挑战，提高教育教学效率，实现专业成长。他们将能够更好地利用数字技术进行教学，提高教学质量和效果，为学生提供更好的学习体验。

同时,教师自身也将得到更好的发展,不断进步和完善自己的教育教学能力,这将有助于推动教育的数字化转型和升级。

(二)合作:构建在线教师专业学习共同体

在数字智能化背景下,英语教师的专业发展面临诸多挑战与机遇。随着技术的不断进步,英语教师需要不断更新自己的教育理念和教学方法,以适应时代的需求,而数字智能化则为英语教师的专业发展提供了新的可能和途径。通过互联网和各类在线平台,英语教师可以轻松获取到各种教学资源、软件和工具,从而更好地辅助自己的教学工作。同时,数字智能化也为英语教师提供了更多样化的学习方式,如在线课程、网络研讨会、虚拟教室等,使得教师可以随时随地进行自我提升和学习。

传统的以教师为中心的教学模式逐渐向以学生为中心的教学模式转变,更加注重学生的参与和互动。数字智能化工具和平台的应用使得英语教学更加个性化、智能化和高效化,有助于激发学生的学习兴趣和提高教学效果。然而,数字智能化也给英语教师的专业发展带来了一些挑战,例如,如何有效利用数字智能化工具和资源进行教学设计、如何处理数字智能化与传统的英语教学之间的关系、如何保护学生的隐私和数据安全等。因此,英语教师需要在专业发展中注重数字素养的提升,学习如何运用数字智能化工具和资源进行教学和管理。

为了更好地适应数字智能化背景下的英语教学需求,英语教师需要积极参与专业发展活动,提升自己的数字素养和教学能力。学校和教育机构也需要为英语教师提供更多的培训和支持,帮助他们更好地应对数字化时代的挑战和机遇。

(三)反思:大数据技术助力教师反思

在英语教育教学中,教师的反思能力不仅是专业发展的重要基础,更是提高教学质量的关键因素。随着数字智能化时代的到来,传统的经验回顾式反思已经无法满足现代教育的需求,而数字智能化时代为教师反思提供了新的机遇和手段。

在数字智能化时代,大数据技术的应用成为影响教师反思的关键因素,它改变了过去仅凭主观经验进行反思的方式,为教师提供了翔实、真实的数据支持。这些数据包括学生的学习进度、反馈、课堂互动等情况,能够准确反映教学过程中出现的问题和困难。通过深入挖掘和分析这些数据,教师可以更精准地审视自己的教学实践,从而发现并改进问题。

除了大数据技术的应用,数字智能化时代还为教师反思提供了其他工具和手段。例如,教师可以利用智能教学平台、在线课程等数字资源,进行自我反思和评估。这些平台通常提供教学数据的可视化报告和反馈,帮助教师全面了解自己的教学状况和学生的学习需求。此外,教师还可以通过参加在线研讨会、专业培训等活动,与其他教师分享和交流反思的经验和成果,共同提升专业素养。

通过学习分析技术对数据加工、可视化的形式展现,教师能够更好地理解学生需求,优化教学方法和策略。具体来说,教师可以通过分析学生的学习数据和反馈,了解学生的学习风格、兴趣和需求。基于这些信息,教师可以调整教学内容、教学方法和教学进度,以更好地满足学生的需求和提高教学质量。此外,教师还可以利用数据分析结果为未来的教学计划和决策提供科学依据,进一步提高教学质量和效果。

二、健全教师专业发展的学校支持路径

学校应为教师专业发展提供保障与激励,创新评价机制,建立完善的支持体系。

(一)保障教师专业发展空间

英语教师工作负担过重,严重阻碍了他们的专业发展。部分教师不仅承担着繁重的教学任务,还要应对各种非教学工作,如学生管理、行政事务、科研任务等。这些额外的负担使得教师很难有时间进行专业发展,影响他们的教学热情和工作质量。

为了解决这个问题,学校可以通过招聘更多的英语教师或聘请代课教师来减轻教师的教学负担。这样可以降低教师的周课时量,使他们有更多的时间进行教学准备和自我提升。同时,解决英语教师的兼任问题也是必要的,特别是对于那些同时教授两门甚至更多学科的教师,他们

的教学任务过于繁重,不利于专业发展。学校还可以配备充足的行政和后勤人员,以减轻教师的非教学工作任务。这些工作包括学生档案管理、学籍信息维护、财务报销等。通过专人专任的方式,教师可以摆脱这些繁琐的工作,专注于教学。这样可以提高工作效率,使教师有更多的时间进行教学研究和个人专业发展。

此外,学校还应为英语教师营造一个良好的专业发展环境。这包括减少非教学任务对教师时间和精力的占用,为教师的专业发展提供支持和资源。学校可以组织定期的培训和研讨会,邀请专家进行指导,鼓励教师进行教学交流和合作。此外,学校还可以设立激励机制,表彰在专业发展方面取得突出成绩的教师,激发他们的工作热情和创新精神。

(二)创新教师评价机制

在教师评价中,除了传统的评价指标,如教学计划、教学方法、课堂管理、学生反馈等,学校还应特别关注教师的数字素养。在数字智能化时代,数字素养已成为教师必备的能力之一。教师需要掌握现代信息技术,能够有效地整合数字化教学资源,创新教学方式,提高教学效果。因此,在教师评价体系中增加数字素养的比重,能够激励教师不断提升自身的数字素养,适应时代发展的需求。

为了实现这一目标,学校可以采取以下措施:

1.提供培训机会。学校可以定期组织教师参加数字素养培训,提高教师的信息技术应用能力。培训内容可以包括数字化教学资源的获取与整合、在线教学平台的操作、数字化教学评价等。

2.建立评价标准。学校可以制定具体的数字素养评价标准,明确教师在信息技术应用方面的要求。评价标准可以包括教师的数字化教学资源制作能力、在线教学能力、数字化教学评价的实施能力等方面。

3.激励措施。为了激发教师提升数字素养的积极性,学校可以采取一定的激励措施。例如,对在数字素养方面表现优秀的教师给予表彰和奖励,将其作为教师晋升和评优的重要参考依据之一。

三、拓宽教师专业发展的政府支持路径

（一）依托智慧教育平台优势

随着时代的发展，教师已无法仅凭教材和教参进行教学。在数字智能化时代，手机、电脑、电视等设备的普及让教师能够便捷地获取各类教育资源，但与此同时，教师也面临一些问题：获取资源途径单一、受限，以及资源质量参差不齐等。

为了解决这些问题，国家智慧教育公共服务平台应运而生。该平台为教师提供了可获得、可应用、可持续、可信赖的专业发展路径。平台汇聚了大量优质教育资源，各阶段、各学科的教师都能从中受益。在这个过程中，教师不再是单纯的知识消费者，而是知识的创造和分享者。通过征集精品课并评选为部级精品课程，教师从"学会"转变为"会学"和"会创"，这激发了他们的专业成长动力。

基于该平台的大规模研修活动也为教师的专业发展提供了有力支撑。研修内容丰富，教师可根据兴趣选择，这赋予了他们专业发展的自主权。各地有关部门应充分利用这一平台，助力教师的专业成长。目前，该平台仍处在发展初期，未来有巨大的潜力等待挖掘，希望它能成为优质、权威的教育资源库，为培养高质量教师队伍提供有力支撑。

（二）数字智能化优化教师培训

1. 满足教师需求

传统的教师培训存在一些问题，其中之一就是缺乏对教师专业发展需求的深入了解。在传统培训中，教师往往处于被动接受的客体地位，缺乏自主权，导致他们对培训持应付心态，甚至出现抵触情绪。

每位教师都有其独特性，所处专业发展阶段、擅长与薄弱之处、教学风格和兴趣爱好都不同，导致他们的专业发展需求各不相同。因此，深入调研教师的真实需求是保障培训有效性的前提条件。

在数字智能化背景下，技术的支持使得深入调研教师个体需求成为

可能。一方面,便捷的工具有利于大规模收集教师需求信息。可以采用在线调研工具从多方面开展数据收集,以便深入了解教师专业发展需求。另一方面,互联网建立了培训方与受训方的沟通渠道,教师可以直接向教育行政部门提出自身专业发展需求,参与活动的设计与开发。

2. 优化培训设计

随着教育的进步,教师对培训活动的质量要求更高。传统的千篇一律的课程和枯燥的说教已不能满足他们的需求,教师需要更加个性化、多样化的培训活动。

新兴技术如互联网使大规模的因材施教成为可能。教育行政部门可以利用大数据等技术对教师专业发展需求进行精准诊断与分析,为每位教师制订个性化的培训方案和阶段化目标,并推送优质教育资源。传统的培训活动局限于固定区域或学校,采用单一的线上或线下形式,不能满足教师的多样化需求。应结合教师的实际工作,运用虚拟现实技术,提供基于真实情境、面向问题解决的多样化研修服务。教育行政部门应充分考虑教师的专业发展需求,提供多样的培训活动、高质量内容、灵活机制支持,优化教师培训活动。

3. 落实培训评估

教育部门为提高教师教育质量和学生的学业水平,经常开展教师培训活动。然而,由于缺乏对培训效果的评估,很难确定培训是否达到了预期效果。当前的教师培训监督方式如签到和拍照难以保证培训的真实有效性,而且培训后的评估主要依赖心得体会的撰写,这种应付现象普遍存在。

为确保培训效果,教育部门应运用数字技术进行培训过程的评估和后续追踪。通过匿名网络问卷调查收集教师的学习情况和意见,以便及时调整和改进培训活动。培训结束后,应进行成效追踪,利用微信群、论坛和在线学习共同体等途径了解教师的收获,并设计合理的评价标准评估培训的有效性。

最重要的是对教师的课堂行为进行评估,包括培训内容的有效性和教师是否掌握并应用了培训内容。通过这些评估措施,可以确保培训活动的实际效果,使其真正发挥作用。

四、建构教育信息化背景下的教师实践共同体

（一）共建共享，共同发展

教师实践共同体的成功运作依赖于共同愿景、共同体意识和教师评价机制，需提高成员参与决策意识并加强共同体意识。

1. 共建实践共同体，提高成员决策参与意识

教师实践共同体是一种群体性组织，旨在将个人学习转化为群体共同学习。作为主体，每位教师都应被赋予参与组织、决策的权利和意识。教师实践共同体的每一项活动与决策都与教师的专业成长息息相关，因此教师应增强主人翁意识，积极参与共同体的构建。教师应提高自身的主体意识和领导力，积极参与到实践共同体的计划、组织和管理过程中，而不是处于边缘地位。学校中层也应培养教师参与决策的意识，营造平等友爱的氛围，并提供更多参与决策的机会，鼓励教师参与实践共同体的建设工作。

2. 共立共享愿景，增强共同体意识

教师实践共同体并不仅仅是教师聚集在一起进行学习的简单组合，而是更强调成员之间的内在联系和共同发展。因此，首先要让教师全面了解共同体的重要性，增强共同体意识，从个体转向群体，培养归属感和责任感。

为了提高教师的群体意识，首要任务是建立共同愿景。共同愿景是教师实践共同体的指引灯塔，有助于增强教师间的凝聚力，激发他们的雄心壮志。它是每个成员个人愿景的集中体现，只有当发展目标得到普遍认可时，才能有效激励教师对共同愿景的认同。在激励教师共立共享愿景的过程中，应遵循以下步骤：首先，学校应鼓励和重视教师的个人愿景，因为这是共同愿景的基础；其次，学校应引导教师积极分享和讨论他们的愿景，在民主氛围下共同制订适合每位教师发展的共同愿景；最后，学校组织者应向每位参与者传达教师实践共同体的目标，使教师能够全面、准确地理解实践共同体的意义，从而推动愿景的实现，鼓励

每位教师积极参与实践共同体,实现个人和学校的共同发展。

3.建立共同评价机制,促进共同发展

基于自组织和教师实践共同体的生成特征,教师实践共同体实质上是以共同理想和自身发展需求为基础,自发形成的教师学习共同体。然而,由于缺乏规范和健全的评价机制,教师难以正确定位自己在共同体中的位置,也无法准确评估自身在参与过程中的能力提升。这不仅削弱了教师的参与积极性,也不利于共同体及时调整运作机制。

为了解决这一问题,建立合理的共同评价机制至关重要。我们应树立"以师为本"的教师质量评估理念,以调动教师的积极性并促进其共同发展。形成性评价机制能够很好地展现教师在实践共同体中的成长过程,在活动过程中,通过互评、自评、他评等多种方式,教师可以快速准确地自我定位,清楚地认识自身的优缺点,从而在实践共同体活动中真正实现自我提升。这有助于让教师真正成为教师实践共同体中的主人。

(二)丰富活动形式,注重实践应用

教师实践共同体活动应以教师发展规律和实际需求为出发点,激发学习热情,提供实践机会,促进理论知识内化为专业能力,提高教学效率,从而更好地促进学生的发展。

1.创新活动形式,提高教师的内在动力

教师实践共同体活动应注重教师的主体性,通过创新形式激发参与热情和兴趣。在现有活动基础上,建议从以下方面改进:将专家讲座升级为"讲座+答疑",让教师与专家进行互动,解决实际教学困惑,同时利用信息技术建立专家答疑平台,方便教师留言咨询;将观摩优秀课例升级为"观摩+点评",鼓励教师提出质疑和评价,营造轻松的学习氛围,促进共同反思和专业成长;开展教师头脑风暴、交互协商、教学反思等活动,引导教师发掘智慧,实现知识体系建构,同时拓宽话题范围,包括工作、生活、情感等方面的问题,促进教师间的交流与合作。

通过以上措施,可以创新教师实践共同体活动的形式,提高教师的参与度和学习效果,促进教师的专业发展。

2. 搭建教师实践平台，提高学习有效性

实践性作为教师职业的核心特质，决定了实践教学能力培养在高质量师资队伍建设中的关键作用。教师实践共同体与普通学习共同体的主要区别在于它更强调教师的实践性。根据该校教师的反馈，当前教师实践共同体存在理论化倾向，缺乏实践机会，教师们更期望通过实践与学习相结合的方式进行共同体活动。

基于这一现状，本研究建议学校从时间、空间和方式等多个层面出发，为教师提供更广阔的活动空间，以增强实践共同体学习的效果。

（1）增加实践机会。根据教师的实际需求，减少一些不必要的教育理论讲座，转而开展教育实践活动，为教师提供更多的实践时间。实践活动的主题可以是各共同体遇到的教育教学问题，或是将学到的先进教学技巧应用于实际教学的实践。

（2）拓展校外实践平台。学校领导可以与当地教育部门和其他学校联系，建立校外的教师实践基地，加强校际和区域间的教师合作，为教师提供更大的实践空间。通过与其他学校的互动，组织相应的赛课活动，拓宽教师的教学视野，领略更多教师的教学特色，学习他们的优点来弥补自己的不足。

（3）设立网络实践教学平台。在教育信息化的背景下，网络可以实现教师间的资源共享，为教师提供多元化的实践方式。学校可以为教师建立一个实践教学网站，教师可以在这些网站上发布自己的教学视频或发表自己的教学观点和疑问，让全国各地的教师都能观摩和了解，发表评论，提出改进建议，教师可以有选择性地倾听，从而提高自己的教学水平。

3. 总结实践经验，提升反思能力

教师自我反思能力是教师专业发展和个人成长的核心要素。正如"教书匠"与"教育家"之间的区别，关键在于教师的自我反思能力。将教育理论真正转化为实践的关键在于教师的不断反思，通过反思超越经验，将实践经验转化为教育智慧。

在教师实践共同体中实现这一目标可以采用多种形式和途径。首先，教师可根据自身的学习和实践，自觉地对近期的教学实践进行经验总结和自我反思，从而不断提升自身能力。其次，教师实践共同体是一个优秀的教师团队,其中汇聚了各具特色的优秀教师。在这样的团队中,教师可以相互学习、取长补短,通过学习他人的优点来反思自身。此外,在实践共同体活动中,可以定期组织教师经验总结大会,让教师在总结经验的过程中不断反思自身的学习目标和教学方法,不断构建自身的发展体系和反思体系。

（三）整合内部结构,加强成员交流

教师实践共同体应以完善运作规则和制度为首要前提,提供制度保障,促进成员间交流与合作,满足教师内部需求,营造合作文化氛围,实现共同体的最大利益。

1. 完善运作规则与制度,调整人员结构

教师实践共同体的内部制度建设需要进一步完善激励、考核、评价和选人用人机制。在激励方面,除了提高物质奖励质量,还应关注教师的精神需求,给予相应的肯定和表扬,使其在物质和精神层面都得到满足。在考核体系上,应建立更加严谨、公平的考核体系,坚持公开、公正、公平的原则,并将教师参与实践共同体的情况公开透明,形成相互监督的机制,激励教师的自律精神。在评价机制方面,应采取教师自评、共同体成员互评和优秀教师、专家点评相结合的模式,全面客观地评价共同体成员的表现。在选人用人机制方面,应改变原有的由校方领导、资深教师担任负责人的模式,通过优秀教师自愿报名和成员表决的方式选出实践共同体的组织者和负责人,赋予每位教师平等的竞争机会,激发教师的潜能,使其更好地融入实践共同体的组织中。

2. 切实关注教师需求,提高教师合作积极性

满足教师的需求是促进教师积极参与实践共同体和发展的重要前提。当前,我国教师的需求主要呈现为生存需求、关系需求和成长需求。参与实践共同体的教师,其需求主要集中在关系需求和成长需求阶段。

关系需求是指教师希望与学生、家长、同事之间建立和谐的人际关系,并在这段关系中得到认可和尊重,在学校中获得归属感和安全感。成长需求则是教师最高层次的需求,指教师希望在专业能力方面得到提升,包括个人学习和教学工作的进步,以及在工作中的成就感。

根据马斯洛的需求层次理论,只有在满足低层次需要后,高层次的需要才会得以发展。因此,教师实践共同体应关注教师的实际发展需求,针对教师在不同阶段的需求提供相应的外部支持。例如,在教师参与实践共同体的初期,教师最关注的是与共同体成员之间的人际关系。构建一个融洽的交往环境是使教师真正融入实践共同体的先决条件。因此,教师实践共同体的开展应首先关注共同体成员间的人际关系的建立,营造和谐友好互助的文化氛围。只有在满足教师实际发展需求的前提下,教师才会积极参与并快速成长。

3. 建立协作文化机制,促进成员的协作与沟通

哈格里夫斯将教师文化划分为四种类型:个人主义文化、派别主义文化、人为合作文化、自然合作文化。[①] 其中,合作文化在教师文化中占据着至关重要的位置。合作文化是指教师在工作与生活中形成的相互依赖、协调、信任和帮助的同事关系。

在合作文化中,实践共同体的成员可以针对共同问题展开讨论,最终达成共识,推动问题的解决,形成共同的价值观念,实现共同利益。

教师实践共同体中,教师协作文化是其发展的核心驱动力。在共同体发展过程中,构建教师合作文化机制是营造良好合作氛围的关键。只有当共同体成员之间建立起合作关系,加强成员间的交流与合作,才能形成强大的合力。

在这样的合作文化机制下,共同体活动得以顺利开展,教师们相互交流、碰撞思想、相互补充,从而促进教师专业发展。同时,共同体成员共同朝着共同愿景努力贡献自己的力量。

(四)合理利用资源,优化学习内容

资源优化是教师实践共同体中合作交流的重点,学校应严格把控教学资源质量,教师需科学识别网络资源并分享高质量教育资源,行政部门支持合理使用物质资源,实现资源共享最大化。

---

① 周正,许超.对话与合作——米德与哈格里夫斯教师文化理论的比较与反思[J].教育理论与实践,2013(4):4.

1. 把控资源质量,提高资源利用率

为了提高教师实践共同体中资源利用率,学校需要采取一系列措施来提供有针对性的优质资源。进行教师需求调查是必要的,通过了解教师的实际需求,学校可以更好地为他们提供所需的资源。这有助于确保资源的有效性和针对性,避免资源的浪费;设置专门的负责人对网络资源进行筛选和审核也是非常重要的。随着互联网的普及,网络资源丰富多样,但其中也不乏低质量、虚假或过时的内容。因此,学校需要有一套完善的筛选机制,确保教师能够接触到高质量的教育资源。负责人可以对网络资源进行筛选和审核,排除低质量的资源,确保教师能够获得可靠、准确和有价值的信息。建立民主的制度也是必要的,在教师实践共同体中,每个教师都有自己的专业知识和经验,他们应该有机会参与到资源的建设和分享中。因此,学校应该鼓励教师积极参与资源的建设,同时也要尊重他们的选择和意愿。避免强制教师参加不必要的培训课程或活动,而是应该根据教师的实际需求和兴趣来制定合适的培训计划,这样不仅能够提高教师的参与度和积极性,还能够提高资源的利用率和效果。

通过以上措施,学校可以为教师实践共同体提供更有价值、更有针对性的资源,促进教师之间的交流与合作,推动教师专业发展和共同体的成长。这不仅能够提高教学质量和效果,还能够为教师的个人成长和职业发展提供有力的支持。

2. 建设在线学习平台,实现资源共享

在教育信息化背景下,在线学习平台成为教育领域的新趋势。网络平台为教师提供了丰富的学习内容和跨空间的资源共享,有力地支持教师的教学工作和专业成长,然而,一些教师对网络学习的质量的担忧,成为其利用网络学习的障碍。著者认为,网络学习平台是适应时代发展的产物,应充分挖掘和利用其潜力。首先,简化网络平台界面,确保清晰易懂。对平台功能进行明确分类,方便教师根据个人需求快速检索。例如,按照学科、年级、知识点等进行分类,提高教师检索效率;其次,整合优质资源,打造高质量课程。利用教师检索的大数据,分析教师需求,优先提供需求高的课程资源。这样不仅能满足教师的需求,还能确保网络学习的连续性和质量;最后,优化网络平台的交流功能。根据地区、教龄、学科等条件创建全国性教师群组,促进教师间的交流与资源共享。教师可以在平台上讨论教学问题、分享经验和教学资源,与同龄教师分享工作困惑和舒缓情绪。通过文字、图片甚至视频等多种方式,增进教师间的了解和实现资源共享。

通过以上措施,可以进一步优化网络学习平台,提高教师网络学习的质量和效率。同时,促进教师间的交流与合作,共同成长与发展。这不仅有助于提升教学质量和效果,还能为教师的个人成长和职业发展提供有力支持。

3. 提供行政支助,供应物质资源

从理论上看,教师实践共同体被视为教师自发形成的学习群体,强调成员间的自主性和合作精神。然而,在现实环境中,特别是在面对庞大的教师群体时,行政力量的支持对于教师实践共同体的构建和运作显得至关重要。

学校作为一个有组织有纪律的平台,其内部结构和运作需要一定的规范和指导,教师实践共同体的形成和发展同样需要行政层面的支持和引导。这不仅涉及人力、物力等资源的调配,还包括活动策划、组织、实施和评估等各个环节的协调与调整。行政力量的介入有助于确保教师实践共同体的有序运作,为其提供必要的保障和支持。

尽管行政支持可能会使教师实践共同体在一定程度上变得功利化、强制化或形式化,但这并不意味着行政干预是完全负面的。实际上,在适当的行政支持下,教师实践共同体能够获得更多的资源和机会,从而更好地促进教师的专业发展。

为了减少行政支持的负面影响,我们可以采取一系列措施。首先,明确行政与教师实践共同体之间的角色定位,确保行政支持是辅助性的而非主导性的。其次,加强教师实践共同体的自主性和独立性,鼓励成员积极参与共同体的活动和决策过程。此外,建立有效的沟通机制,确保行政与教师实践共同体之间的信息畅通,减少不必要的误解和冲突。

在合理利用行政支持的过程中,我们可以充分利用所获得的经费、场地空间和专家团队资源等物质资源,这些资源为教师实践共同体提供了必要的物质基础和发展空间。通过合理规划和使用这些资源,教师可以开展更多有意义的交流与合作活动,提升自身的专业素养和实践能力。

第七章

数字智能化时代高校英语教育的评价改革

数字智能化时代,英语教育评价理念的发展与实践已经历了从"结果"向"过程"和"产出"的转变。在数字智能化时代,高校英语教育评价应以学生为中心,重视学习过程和学习结果,强调自主学习、合作学习与探究学习。在这种时代背景下,高校英语教育评价也需要做出相应的调整,更好地适应数字智能化时代对人才培养提出的新要求。

第一节　高校英语教学评价简述

一、高校英语教学评价的现状

随着数字智能化时代的到来,高校英语教育评价改革已成为当前教育界关注的热点问题。当前我国高校英语教学评价存在一定的问题,主要表现在评价方式单一、评价标准不明确等方面。

一是高校英语教学评价的现状表明,目前我国高校英语教学评价方式过于单一,多以笔试为主,较少涉及口语、听力和写作等实际应用能力。这种评价方式难以全面、准确地评价学生的英语水平,容易导致评价结果失真。

二是评价标准不明确也是我国高校英语教学评价面临的一大问题。当前高校英语教学评价标准主要包括语法、词汇、听、说、读、写等方面,但这些标准过于具体和狭窄,难以全面评价学生的英语能力。此外,这些标准还容易导致评价结果的片面性,忽视了学生的实际应用能力和跨文化交际能力。

因此,针对以上问题,我国高校英语教育评价改革迫在眉睫。首先,应丰富评价方式,将笔试、口语、听力和写作等多种评价方式相结合,更全面、准确地评价学生的英语水平。其次,应明确评价标准,制定具有前瞻性、可操作性和实用性的评价标准,更好地评价学生的英语能力。

此外,高校英语教育评价改革还应注重评价过程的动态性。传统的评价方式往往忽视了学生在评价过程中的反馈和进步,导致评价结果的滞后性。因此,高校英语教育评价改革应注重评价过程的动态性,及时调整评价标准和方法,以更好地适应学生的学习需求。

二、高校英语教学评价的目的与意义

随着科技的进步和社会的发展,数字智能化时代的到来已经成了不争的事实。在这个时代,高校英语教育也需要进行评价改革,以适应新的教育环境和学生的需求。评价改革的目的和意义是多方面的,包括促进教学改革、提高教学质量、提升学生的英语能力等。

高校英语教学评价的目的在于促进教学改革。教学改革是提高教学质量的关键,而评价改革是教学改革的重要手段之一。评价改革可以促进教师和学生对教学目标、教学内容、教学方法、教学评价等方面的反思和调整,从而推动教学改革的发展。评价改革还可以促进教学资源的整合和优化,提高教学效果。

高校英语教学评价的意义在于提高教学质量。教学质量是高校英语教育的重要指标之一,评价改革可以促进教学质量的提高。评价改革可以通过评价学生的学习成果、教学过程和教学效果等方面,及时发现教学中的问题和不足,并采取措施予以改进。评价改革还可以通过评价教师的教学能力和教学效果,促进教师的专业发展和教学水平的提高。

高校英语教学评价的意义还在于提升学生的英语能力。评价改革可以促进学生的学习兴趣和积极性,提高学生的自主学习能力。评价改革可以通过评价学生的英语听、说、读、写等方面的能力和水平,及时发现学生的英语学习问题,并采取措施进行改进。评价改革还可以通过评价学生的英语应用能力和跨文化交际能力,促进学生的英语综合能力的提高。

高校英语教学评价的目的和意义是多方面的,包括促进教学改革、提高教学质量、提升学生的英语能力等。评价改革是高校英语教育发展的重要手段之一,可以帮助高校英语教育适应数字智能化时代的发展,提高教育质量和学生的英语能力。

三、高校英语教学评价的挑战与机遇

在数字智能化时代,高校英语教育正面临着新的挑战与机遇。随着教育信息化的发展,高校英语教学评价也在不断地进行改革和创新,其中,评价方式的数字化、评价标准的多元化成为当前高校英语教学评价的重要议题。

评价方式的数字化是当前高校英语教学评价的一大挑战。传统的教学评价方式主要依赖于教师的主观判断,而数字化评价方式则可以实现评价过程的客观化、公正化。然而,数字化评价方式需要克服的技术难题和数据处理问题也是不容忽视的挑战。比如,如何确保评价数据的准确性和公正性,如何处理评价结果的隐私问题等。

评价标准的多元化也是当前高校英语教学评价的一大机遇。传统的评价标准主要关注学生的语法和词汇量,而数字化评价标准则可以涵盖更多的评价维度,如口语表达能力、听力理解能力、阅读理解能力、写作能力等。这种多元化的评价标准可以更好地反映学生的实际能力,有助于提高评价的公正性和科学性。

随着大数据、人工智能等技术的发展,高校英语教学评价还可以借助这些技术手段,实现评价结果的智能化分析。比如,通过对学生的学习行为、学习数据进行分析,可以为学生提供个性化的学习建议,提高教学效果。同时,智能化评价还可以帮助教师更好地了解学生的学习情况,提高教学质量。

第二节　数字智能化时代高校英语教学评价的意义

一、数字智能化对高校英语教学评价的影响

数字智能化为高校英语教学评价提供了新的手段和方法。传统的教学评价方式通常是通过教师的主观评价,或者学生提交的书面作业来进行评价。但是,这种评价方式存在着主观性较强、无法客观反映学生的学习情况等问题,而数字智能化则可以提供更加客观、公正的评价方式。例如,可以通过在线评价系统,让学生随时随地进行学习,教师可以及时地对学生进行评价。同时,通过大数据分析,可以对学生的学习情况进行全面、客观的评价,从而更好地指导学生的学习。

数字智能化也为高校英语教学评价带来了新的挑战。传统的教学评价方式通常是由教师进行评价,但是数字智能化则需要教师具备更高

的技术素养。教师需要掌握一些基本的技术,例如,在线评价系统的使用方法、大数据分析工具的使用方法等。同时,教师还需要具备更高的教学素养,能够更好地利用数字智能化来评价学生的学习情况,更好地指导学生的学习。

除了以上两点,数字智能化还为高校英语教学评价带来了新的机会。例如,可以通过数字智能化来开发新的教学模式,如在线教学、远程教学等。这些教学模式可以更好地满足学生的学习需求,提高学生的学习效果。同时,数字智能化还可以为高校英语教学评价提供更加全面、客观的数据支持,从而更好地指导学生的学习。

二、高校英语教学评价在数字智能化时代的必要性

随着数字智能化时代的到来,高校英语教学评价面临着新的挑战和机遇。在这个信息爆炸的时代,传统的教学评价方式已经无法满足教育发展的需求。因此,高校英语教学评价必须与时俱进,以适应新的教育环境和教学需求。

高校英语教学评价在数字智能化时代的必要性体现在以下几个方面。

1. 提高评价的准确性和客观性

传统的教学评价方式往往存在主观性和不客观性,容易受到评价者个人情感、认知水平等因素的影响,而数字智能化时代的到来,为评价提供了更加客观、准确的数据支持。通过数据分析,可以更准确地评估学生的学习成果和教学效果,从而为教学改进提供依据。

2. 提升评价的实时性和连续性

在数字智能化时代,教学评价可以实现实时性和连续性。教师可以通过在线教学平台实时监控学生的学习进度,了解学生的学习情况。同时,评价数据可以实时更新,使评价更加贴近学生的学习过程,有助于及时发现和解决问题。

3. 扩大评价的覆盖面和影响力

数字智能化时代的到来,使评价不再局限于课堂,可以扩展到课前、

课后等各个环节。此外,评价数据可以通过互联网传播,扩大评价的覆盖面和影响力,为教学改进提供更多启示。

4. 促进评价的多元化

在数字智能化时代,教学评价可以采用多种方式,如在线测试、作业评价、课堂观察等。这些多元化的评价方式可以更全面地评估学生的学习成果,为教学提供更有针对性的指导。

5. 推动评价与教学的紧密结合

数字智能化时代的到来,要求评价与教学紧密结合。评价数据可以为教学提供实时反馈,帮助教师了解学生的学习情况,调整教学策略,同时,评价结果也可以为教学提供参考,推动教学的持续改进。

三、数字智能化时代高校英语教学评价的目标与任务

在数字智能化时代,高校英语教育面临着新的挑战和机遇。为了适应这一时代的特点,高校英语教学评价的目标与任务也需要进行相应的改革。在实现评价的公平、公正、客观的基础上,提高评价的效率和准确性,以提升评价结果的有效性,是数字智能化时代高校英语教学评价的重要任务。

实现评价的公平、公正、客观是数字智能化时代高校英语教学评价的基本要求。在传统的教学评价中,评价者往往受到主观因素的影响,导致评价结果存在一定的偏差,而在数字智能化时代,我们可以利用人工智能技术,如自然语言处理、机器学习等,来减少评价者主观因素的影响,实现评价的公平、公正、客观。例如,可以开发出自动评分系统,通过算法对学生的英语水平进行客观评价,提高评价的准确性和效率。

提高评价的效率和准确性是数字智能化时代高校英语教学评价的重要目标。在传统的教学评价中,评价过程往往耗时较长,且容易受到评价者疲劳和主观因素的影响,而在数字智能化时代,我们可以利用人工智能技术,如在线测试、自动批改等,来提高评价的效率和准确性。可以开发出在线英语考试系统,让学生在家就能参加考试,节省了时间和精力,同时也能减少评价者的疲劳和主观因素的影响。

提升评价结果的有效性是数字智能化时代高校英语教学评价的最

终目标。评价结果的有效性是指评价结果能够真实地反映学生的英语水平,为教学提供有益的反馈。在数字智能化时代,我们可以利用人工智能技术,如数据挖掘、机器学习等,来提升评价结果的有效性。例如,可以开发出基于学生学习数据的智能评价系统,通过对学生学习数据的分析,预测学生的英语水平,为教学提供更加精准的反馈。

第三节　数字智能化时代高校英语教学评价的原则

数字化教学改革对大学英语教学提出了新的要求。数字化大学英语教学评价要与时俱进,更新理念,与之相适应,通过数字化技术,改变传统的评价模式,实现多元化、个性化、发展性的评价目标。

一、客观性原则

数字智能化时代高校英语教育的评价改革是当前教育界关注的焦点。在这个时代背景下,高校英语教育需要不断地进行评价改革,以适应时代的发展和提高教育质量,其中,客观性原则是评价过程中必须遵循的重要原则之一。

客观性原则是指评价过程中要客观公正,避免主观偏见的影响。在英语教育中,评价的客观性原则尤为重要。因为英语教育的评价涉及学生的学习成绩、教师的教学水平等多个方面,如果评价过程中存在主观偏见,就会对评价结果产生很大的影响。因此,在评价过程中必须坚持客观性原则,确保评价结果的公正性和准确性。

客观性原则在英语教育评价中的具体应用包括以下几个方面:首先,评价标准应该客观明确。评价标准应该基于事实和数据,而不是主观想象。例如,评价学生的英语水平时,应该根据学生的实际水平来制定评价标准,而不是根据教师的主观判断。其次,评价过程应该客观公正。评价过程中应该避免教师和学生的关系、师生之间的情感等因素对评价结果产生影响。例如,在评价学生的英语作文时,应该由多个教师共同评分,避免单一教师的主观偏见影响评价结果。最后,评价结果应该客观准确。评价结果应该基于客观数据和事实,而不是主观判断。例如,在评价学生的英语口语能力时,应该通过实际对话来评估学生的口语能力,而不是通过教师的主观判断。

客观性原则是英语教育评价中必须遵循的重要原则之一。在评价过程中,应该坚持客观性原则,确保评价结果的公正性和准确性。具体应用方面包括评价标准的客观明确、评价过程的客观公正和评价结果的客观准确。只有这样,才能真正实现高校英语教育的评价改革,推动英语教育的发展。

二、公平性原则

在数字智能化时代高校英语教育的评价改革中,公平性原则是至关重要的。在评价过程中,必须保证公平公正,确保每个学生都能得到平等的评价机会。

公平性原则是评价改革的核心,因为只有在评价过程中确保公平公正,才能保证每个学生都能得到平等的机会,从而促进学生的全面发展。评价改革的目标是提高学生的英语能力,因此评价过程必须公平公正,才能确保每个学生都能得到公正的评价。

在评价过程中,需要采用科学、客观、公正的评价方法。传统的评价方法往往存在主观性、随意性、不客观等问题,容易导致评价结果不公正。因此,需要采用科学、客观、公正的评价方法,如采用多种评价方式,如口头表达、写作、听力等,采用多种评价工具,如在线考试、课堂表现、作业等,采用多个评价者,如教师、同学、家长等,以保证评价结果的客观性和公正性。[①]

在评价过程中,需要建立公正的评价机制。评价机制是评价改革的重要组成部分,它能够确保评价结果的公正性、客观性、权威性。因此,需要建立公正的评价机制,如建立评价标准、评价流程、评价结果公示等,以保证评价结果的公正性、客观性、权威性。

在评价过程中,需要注重学生的个性化发展。每个学生的英语能力、兴趣、特长等都是不同的,因此评价过程需要注重学生的个性化发展,

---

① 吴嗣翀.高校内部控制评价研究[J].中国管理信息化,2020,23(22):2.

如采用多种评价方式,如口头表达、写作、听力等,采用多种评价工具,如在线考试、课堂表现、作业等,以满足不同学生的需求。

公平性原则是评价改革的核心,评价过程必须公平公正,确保每个学生都能得到平等的评价机会。需要采用科学、客观、公正的评价方法,建立公正的评价机制,注重学生的个性化发展,以促进学生的全面发展。

三、发展性原则

在高校英语教育中,发展性原则是评价过程中必须重视的原则之一。发展性原则强调的是学生的全面发展,注重学生的长足进步。这种评价方式不仅能够更好地评估学生的英语水平,还能够促进学生的全面发展。

发展性原则的评价过程需要注重学生的全面发展。高校英语教育的目标是培养学生的语言能力,同时也需要培养学生的思维能力、文化素养、情感态度等多方面的能力。因此,在评价过程中,需要综合考虑学生的各个方面,包括语言能力、思维能力、文化素养、情感态度等。例如,可以通过多种形式的考试,如笔试、口语、听力等,来评估学生的语言能力;通过设计各种活动,如小组讨论、角色扮演等,来评估学生的思维能力、文化素养、情感态度等。

发展性原则的评价过程需要关注学生的长足进步。学生的学习是一个不断进步的过程,需要不断鼓励和激励学生。在评价过程中,需要注重学生的进步,及时给予肯定和表扬,激发学生的学习兴趣和动力。例如,可以设立一些奖励机制,如奖学金、荣誉称号等,来鼓励学生的学习进步。

发展性原则的评价过程需要采用多种评价方式。不同的评价方式能够更好地反映学生的不同方面,如语言能力、思维能力、文化素养、情感态度等。因此,在评价过程中,需要采用多种评价方式,如笔试、口语、听力、小组讨论、角色扮演等。同时,还需要结合学生的实际情况,灵活运用各种评价方式,以更好地评估学生的学习情况。

发展性教学评价是一种动态的评价,强调主体参与、互动的过程。传统的教学评价主要是由教师对学生进行评价,而数字化时代,数字化教学技术平台的使用为大学英语教学评价提供了多种模式和方法。教师可以通过网络平台向学生展示自己的教学过程和学习成果,并听取他们的意见和建议。在这个过程中,学生可以将自己的学习成果及时展示给大家,同时也可以对自己的学习情况进行反思,这样就会激发学生的学习热情,培养他们自主学习、合作学习、探究学习的能力。此外,教师还可以利用网络平台及时向学生反馈教学情况,教师和学生在这一过程中都可以得到不同程度的提高。数字化教学平台为师生交流提供了更多方式和方法,通过不同形式的交流和互动,实现教师和学生在教学中共同成长。

四、多元化原则

在数字智能化时代,高校英语教育的评价改革成了教育界关注的焦点。传统的英语教育评价方式已经无法满足现代教育的需求,因此需要进行评价改革,其中,多元化原则是评价改革的一个重要方面。数字化背景下的大学英语教学评价要在多个方面进行改革,积极探索利用数字化技术实现大学英语课程评价的现代化。在数字化时代,大学英语教师要不断更新教学观念,优化教学过程评价,采用多种方式开展教学评价活动。数字化背景下大学英语教学质量评价应该坚持多样化原则,主要体现为三大层面:评价主体要多样化,对态度、过程与结果进行评价;评价形式要多样化;评价手段要多样化。

首先,多元化的评价方式是评价改革的重要内容。传统的英语教育评价方式过于单一,通常采用考试成绩作为评价的唯一标准,然而,这种评价方式已经无法满足现代教育的需求。在数字智能化时代,高校英语教育需要采用更加多元化的评价方式。例如,可以采用口语、听力、阅读和写作等多种评价方式,以全面评估学生的英语能力。此外,还可以采用在线考试、作业、课堂表现等多种评价方式,以更准确地评价学生的学习成果。

其次,多元化的评价工具也是评价改革的重要内容。传统的英语教育评价工具通常包括考试成绩和纸笔测试等,然而,这些评价工具已经无法满足现代教育的需求。在数字智能化时代,高校英语教育需要采用更加多元化的评价工具。例如,可以采用在线考试、语音识别、自然语言处理等技术,以更准确地评估学生的英语能力。此外,还可以采用课堂观察、学生反馈、教师评价等多种评价工具,以更全面地了解学生的学习情况。

再次,多元化的评价主体也是评价改革的重要内容。传统的英语教育评价主体通常是教师和学生,然而,这种评价主体已经无法满足现代教育的需求。在数字智能化时代,高校英语教育需要采用更加多元化的评价主体。例如,可以邀请家长、企业、社会机构等参与评价,以更全面地了解学生的学习情况。此外,还可以邀请同行专家、教育专家等参与评价,以更准确地评估学生的英语能力。

最后,多元化的评价过程也是评价改革的重要内容。传统的英语教育评价过程通常是一个单向的过程,即教师对学生进行评价,学生接受评价,然而,这种评价过程已经无法满足现代教育的需求。在数字智能化时代,高校英语教育需要采用更加多元化的评价过程。例如,可以采用在线评价、实时反馈、互动交流等方式,以更有效地指导学生的学习。此外,还可以采用数据挖掘、机器学习等技术,以更准确地评估学生的学习成果。

五、坚持以人为本的原则

大学英语教学评价的目标是促进学生全面发展。以人为本的教育理念,要求评价体系应该是全面的,既要评价学生的学习能力和综合素质,也要评价学生的个性和潜能。在数字化时代,大学英语教学评价不仅要关注学生的语言知识和技能,还要关注他们的学习动机、学习态度、学习策略和学习习惯等非智力因素。评价也不再是以知识为中心,而是以人为中心。在数字化时代,大学英语教学评价要实现对学生在英语学习过程中的"三个转变",即由以教师为中心向以学生为中心转变,由终结性评价向形成性评价转变,由学生自评向教师和学生共同参与的多元主体评价转变。在数字化时代,大学英语教学评价要关注个体差异和不同的个性发展需求。对于具有不同个性需求的学生来说,大学英语教学评价应该采取不同的方法。例如,对基础薄弱、语言水平较低的学生应以培养他们的学习兴趣为主,帮助他们克服畏难情绪;对基础较好、英语水平较高的学生则应以培养他们正确的学习态度为主,鼓励他们发挥个人特长。

六、尊重学生的主体地位

在数字化背景下的大学英语教学中,教师是主导,学生是主体。因此,数字化背景下的大学英语教学要在尊重学生个体差异的基础上,尊重学生的主体地位。在大学英语教学实践中,教师要坚持以人为本的教学理念,做到学生为中心,尊重每个学生的学习需求和学习兴趣,并给予充分的尊重和肯定。在数字化背景下,大学英语教师应充分利用数字化平台对学生进行多元化评价,比如,教师可以通过数字化教学平台给每个学生布置个性化作业,建立学生电子学习档案、发送邮件或发送网页链接等形式对每一位学生进行个性化评价。

第四节 数字智能化时代高校英语教学评价的多元化手段

一、评价方法的多元化

高校英语教育在数字智能化时代的评价改革中,需要采用多元化的评价方法。传统上,高校英语教育主要采用笔试作为评价方式,但在数字智能化时代,我们需要采用更多元化的评价方法,以便更好地评估学生的学习效果。

在线测试是一种非常方便和高效的评价方法。通过在线测试,我们可以快速地收集学生的学习成果,同时也可以避免传统笔试中的一些问题,比如学生之间的互相抄袭等。此外,在线测试也可以更好地反映学生的语言应用能力,比如听、说、读、写等方面。

课堂观察是一种更加直接的评价方法。通过观察学生在课堂上的表现,我们可以了解学生的学习态度、语言能力、交际能力等方面的情况。同时,课堂观察也可以及时发现学生的学习问题,帮助学生更好地改进学习方法。

作业评价也是一种重要的评价方法。作业是学生学习成果的重要体现,通过评价学生的作业,我们可以了解学生的语言应用能力和学习态度。同时,可以通过评价学生的作业,发现学生的学习问题,并给予针对性的指导。

除了上述三种评价方法,我们还可以采用其他一些评价方法,比如学生自我评价、教师评价、同伴评价等。这些评价方法可以互相补充,共同提高学生的学习效果。

在数字智能化时代,高校英语教育需要采用多元化的评价方法,以便更好地评估学生的学习效果。这些评价方法不仅可以更好地反映学生的语言应用能力,还可以及时发现学生的学习问题,并给予针对性的指导。因此,我们需要在实践中不断探索和尝试,以提高高校英语教育的评价水平。

二、评价工具的多元化

在数字智能化时代,高校英语教育的评价改革已经成为教育界关注的焦点。传统的评价方式已经无法满足现代教育的发展需求,因此,我们需要开发和利用多种评价工具,以实现评价的多元化。

通过在线问卷调查,可以快速收集学生的反馈和意见,了解他们在学习过程中的困难和需求。同时,我们还可以通过数据分析,了解学生的学习行为和习惯,为个性化教学提供参考。学习分析系统可以对学生的学习数据进行分析和评估,提供有关学生学习情况的信息。通过学习分析系统,可以了解学生的学习进度、学习成果和学习习惯,从而为教师提供有效的教学反馈。

此外,数字智能化时代的高校英语教育还需要注重评价的多元化。例如,我们可以通过在线口语练习平台,让学生自主进行口语练习,教师通过系统对学生的口语练习进行评分和反馈。这样,不仅可以提高学生的学习兴趣,还可以促进他们的学习积极性。

三、评价主体的多元化

数字智能化时代高校英语教育的评价改革是一个重要的话题,评价改革的目标是提高评价的准确性和公正性,以便更好地反映学生的学习成果和能力。评价主体的多元化是评价改革的一个重要方面。

评价主体的多元化可以包括教师、学生、家长等。教师作为评价的主体,可以根据学生的学习表现、作业、考试等方面的表现进行评价。学生作为评价的主体,可以对自己的学习情况进行自我评价,同时也可以对同学的学习表现进行评价。家长作为评价的主体,可以了解孩子的学习情况,同时也可以对学校的教育质量进行评价。

评价主体的多元化有利于获取更全面的信息。传统的评价方式往往只考虑学生的学习成绩,而忽略了其他方面的表现,如学习态度、合作能力、创新能力等。评价主体的多元化可以让学生、教师、家长等从不同角度对学生的学习表现进行全面评价,有助于了解学生的全面发展情况,为评价改革提供更加准确的数据支持。

评价主体的多元化还可以提高评价的公正性。在传统的评价方式中,教师往往容易受到各种因素的影响,如班级、学科、年级等,导致评价结果不公正。而评价主体的多元化可以减少这些因素的影响,让学生、教师、家长等从不同的角度对学生的学习表现进行全面评价,提高评价的公正性。

评价主体的多元化是评价改革的一个重要方面,可以获取更全面的信息,提高评价的准确性和公正性。教师、学生、家长等都可以作为评价的主体,通过多元化的评价方式,全面了解学生的学习情况,为评价改革提供更加准确的数据支持。

四、评价过程的多元化

评价过程的多元化是数字智能化时代高校英语教育评价改革的重要内容。多元化的评价过程可以包括评价前、评价中、评价后等各个阶段,有利于提高评价的效率和质量。

在评价前,多元化的评价过程可以包括教师对学生的背景信息、学习目标、学习进度、学习方式等方面的了解,以及对学生的学习成果和表现的预期。这样可以帮助教师更好地制定评价标准和评价方法,确保评价的准确性和公正性。

在评价中,多元化的评价过程可以包括多种评价方式,如口试、笔试、课堂观察、作业检查、项目展示等。这些评价方式可以相互补充,提高评价的全面性和客观性。例如,口试可以考查学生的口语表达能力,笔试可以考查学生的语法和词汇掌握程度,课堂观察可以考查学生的学习态度和参与程度,作业检查可以考查学生的学习进度和作业完成情况,项目展示可以考查学生的团队合作能力和创新能力。

在评价后,多元化的评价过程可以包括教师对学生的评价反馈和评价结果的分析和解释。这样可以帮助学生更好地了解自己的学习情况和存在的问题,从而制订更加有效的学习计划,提高学习效果。同时,多元化的评价过程也可以为教师提供更多的反馈和建议,帮助教师更好地改进教学方法和提高教学质量。

多元化的评价过程是数字智能化时代高校英语教育评价改革的重要内容,可以提高评价的效率和质量。多元化的评价过程可以通过评价前、评价中、评价后等各个阶段,包括多种评价方式,以及教师对学生的评价反馈和评价结果的分析和解释,从而更好地评估学生的学习成果和表现,帮助学生更好地了解自己的学习情况和存在的问题,并制订更加有效的学习计划,提高学习效果。

第八章

数字智能化时代高校英语教育的发展趋势

　　进入 21 世纪,高校英语教学不断改革,教育研究者们将生态理论、ESP 理论、课程思政理论融入教学环节,采取创新手段,优化教学资源。这些理论的融入符合时代发展,目标是提高学生的综合素养,从而实现人才培养目标。就生态语言学而言,人们认识到生态与人类进步的密切关系,由此发现英语教学也可从生态层面进行研究。另外,研究者们认为我国高校英语教学应从普通型转向专业型,而 ESP 教学的实用性和专业性恰好体现这一点。因此,在高校英语教学中融入生态教学与 ESP 教学满足了应用型人才培养要求,是社会发展的必然趋势。

第一节　数字智能化时代的高校英语生态教学

数字智能化时代的高校英语生态教学,是一种将数字化和智能化技术融入高校英语教学中的新型教学模式。这种模式强调生态化的教学环境,注重教师、学生、教学资源和技术之间的互动与协同,以实现英语教学的个性化和高效化。

一、生态教学概述

在数字智能化时代,高校英语教学正在经历深刻变革。这种变革不仅体现在教学内容和方法的更新,更体现在整个英语教学系统的生态化转向。生态教学理念主张将英语教学视为一个复杂的生态系统,其中涉及教师、学生、教材、技术、环境等多个因素。这些因素相互依存、相互影响,共同构成一个动态平衡的教学环境。

(一)教学的生态本质

教学是一个广泛的概念,可以从不同的角度进行解读。从狭义的角度来看,教学是指在学校的环境中,教师通过特定的教学方法和手段,将知识、技能和价值观传递给学生的过程。这种教学方式通常是在课堂内进行的,教学的目标明确,内容系统化。通过这种教学活动,学生可以获得基础知识和基本技能,培养思维能力和道德品质,为其未来的生活和工作做好准备。从广义的角度来看,教学并不仅仅局限于学校内的知识传授活动,它是一个更广泛的概念,涵盖了学习与教育的整个过程。在这种理解下,教学不仅仅是教师的责任,学生也需要发挥积极的作用。学生不再是被动的接受者,而是成为学习的主体,主动参与学习过程,与教师和其他学习者进行互动和交流。这种教学方式更加注重学生的个性化和全面发展,强调学习的过程和方法,而非仅仅关注学习的结果。

教学的生态性是教学的内在特征之一。它强调了教学活动中各要素之间的相互作用和依存关系,以及教学系统的整体性和动态平衡性。正是由于教学的生态性特征,使得教学活动成为一个充满活力和发展的过程。随着社会和科技的不断发展,教学活动也需要不断更新和变革,以适应时代的需求和变化。从生态的角度来看,教学具有生命性和动态发展性。教育生态的各个要素之间相互依存、相互促进,形成了一个动态平衡的状态。在这个生态系统中,学生和教师是生态系统中的生命体,他们之间进行着信息的交流和能量的转换;教学内容和教学方法则是生态系统中的营养物质和能量流动途径,为生命体的生长和发展提供必要的支持和保障;而教学环境则是一个生态系统中的生态环境,它为生命体提供适宜的生长条件和栖息地。

值得注意的是,教学活动本身是一个复杂的系统,涉及多方面的因素。学生、教师、教学内容、教学方法、教学环境等都是构成这个系统的关键要素。这些要素之间相互作用、相互影响,共同决定了教学的质量和效果。因此,为了提高教学质量和效果,需要综合考虑这些因素的作用和影响,进行系统性的规划和设计。

(二)教学的生态特征

教学生态系统是一个独特且复杂的生态系统,它具有五个显著的生态特点,这些特点共同构成了其独特的生态系统特性。

1. 生命性

教学是教师展现素质、才华,提高自身生命价值的过程,也是学生建立情感态度价值观、学习知识理论以及提升自身生命品质的过程。生命性是教学生态性的最根本特征,教学全程都存在生命的跳动,没有生命就没有教学:第一,学生和教师是有生命的存在,他们是教学的根本;第二,学生和教师的生命支撑了教学活动的顺利进行;第三,教学富有浓厚的人性关怀特征,不仅是智商的摩擦,还是情绪的交流和沟通;第四,教学是推动教学主体生命发展的教学,目标是探索教学主体的生命发展。综上所述,教学的基点是生命,最终目标也是生命,不存在没有生命的教学。

2. 整体性

生态系统的重要特点是整体性,涵盖多方面内容,各个内容发展是生态顺利发展的前提。教学是一个复杂系统,其整体性表现在各成分相互支持、影响和联系,共同推动教学进步。教学的整体性包括七个部分:学生、教师、教学目标、教学内容、教学方式、教学环境、教学评价,这些成分构成教学链,不可或缺。学生是学习中心,教师是教学主体,教学目标规范教学过程,教学内容符合学生身心发展和社会需求,教学方式影响学生思想、能力、理论,教学环境影响教学活动实施,教学评价反映教学效果并促进改进。

3. 开放性

教学的开放性是教学生态特点的关键表现。主要体现在四个方面:首先,教学主体具有开放性,每个学生和教师都是独特的个体,他们的思维和想法各异,这为教学带来了丰富的多样性和可能性;其次,教学目标也具有开放性,不是固定的预设目标,而是根据实际情况由师生共同设立的目标,这使得教学目标更加灵活和多元;再次,教学内容的开放性体现在其来源和文化背景的广泛性上,同时也包括教师个人观点和见解的融入,使得教学内容更加丰富和有深度;最后,教学环境也具有开放性,它受到外界条件的限制和影响,但同时也为教学提供了友好的氛围,通过改善精神环境和物质环境,可以提高教学效果。这种教学的开放性不仅有利于学生个体的发展,也有利于整个教学系统的持续进步。

4. 动态平衡性

生态平衡是指一段时间内,生态系统中的各个生物群体之间、生物和环境之间,能够通过信息交换、物质循环、能量流动等方式,保持协调一致、相互适应、高度和谐的状态。生态平衡是一个不断变化的动态过程,需要在外力的作用下构建新的平衡状态,以发挥更大的作用和收获更多的生态效益。生态系统整体和各个组成成分的进步和进阶,就是在平衡与不平衡之间不断循环的过程。

教学体系与自然生态环境类似,课程体系是一个相对开放的体系,教育则是一种在动态平衡中不断探索成长的历程。课堂教学是教师为学生讲授内容的过程,也是与学生进行沟通的过程。在这一过程中,教师和学生都是教学的参与者,通过沟通产生矛盾和不协调,解决问题达到暂时平衡的状态。教学就是在这种循环的过程中,不断寻找维系平衡的方法,经历"出现矛盾—解决矛盾—平衡状态—发现矛盾—解决矛盾—新的平衡状态"的规律循环。教学本身也是一个持续发展的过程,通过不断寻找维系平衡的方式,推动教学的发展。正是这些不平衡的状态,促使教学不断向平衡的方向发展,实现整体和各个组成成分的进步和进阶。

5. 共生性

共生性是自然生态的重要特征,体现在生物之间的相互依存和共同发展。同样地,教学过程也存在各种共生关系。教师在传授知识技能的过程中实现个人价值,而学生通过学习获得学识和技能,同时培养情感、价值观,提升生命价值。教师需要耐心指导,学生则需要积极参与教学活动,才能实现各自的发展目标。学生和教师相互依存、合作共赢,彼此的进步和发展是相互促进的。

学生与学生之间的关系表现为既竞争又合作,这使得他们之间既存在互利共生关系,也存在偏利共生关系。竞争关系使得双方不断取长补短,促使共同发展,而合作关系则更为常见,学生们为了共同目标进行交流学习,互帮互助、共同进步。因此,无论是互利共生还是偏利共生,学生与学生之间的共生关系都是教学过程中的重要组成部分,有助于双方的共同发展和进步。

(三)教学的生态功能

教学的生态功能是保障教学正常、有序和可持续发展的关键,它与教学的生态特征紧密相连,共同促进人与社会、人与自然的和谐发展。

1. 可持续的育人功能

"育"字涵盖了教育的核心意义,包括人的成长发育、智力和生活能力的发展以及道德修养的提升。它体现了教育的根本宗旨,即促进学生的身心健康发展。教育的过程是连续的、无穷无尽的,旨在培养学生的可持续发展能力。

　　教学活动的成效并非一蹴而就,而是需要持续的努力和投入。每个教学步骤都是紧密相连的,学生的身心发展也是一个有序的过程。每个阶段的教学都是基于前一阶段的基础之上,确保教学内容的连贯性和完整性。同时,学习内容需要相互串联,以便促进学生的全面发展。

　　除了让学生掌握知识,教学还注重培养学生的终身学习意识和能力。这种能力不仅有助于学生的个人成长,还能为他们的未来发展奠定基础。在挖掘学生潜在能力和创造力的过程中,教师发挥着至关重要的作用。教师需要敏锐地观察学生的表现,并采用科学的方法来激发学生的潜能。

　　除了正规课程外,潜课程也是重要的教学资源之一。潜课程包括校园、家庭和社会环境中的态度、价值观、礼仪和信仰等方面的内容。这些因素对学生的发展产生深远影响,因此教师和学校需要高度重视潜课程的作用。

2. 系统规范功能

　　自然生态系统通过生物链将不同种类的生物紧密相连,并由物竞天择、适者生存的自然法则维持着生态平衡。这一生态规律同样适用于教学系统。教学是一个复杂的系统,由诸多因素构成,这些因素都有其内在的规律性,并且以集体的、无形的方式被规范着。这些规范既有有形的,如教学规章制度,也有无形的,如教育过程中的共识和经验。

　　教学规律虽然是抽象的,但是深深地根植于教育工作者、教师和学生的心中,并作为衡量教学质量的标准。这些规律是教学的基石,任何违背它们的行为不仅会影响教学效果,甚至可能导致事与愿违的结果。教学规律不应被人为改造,而应被我们充分利用以推动教学的发展。

　　教学规律通常有四个方面:一是教学的内容、任务和目标应与社会需求相适应;二是教学与发展之间存在相互影响和促进的关系;三是教师的教与学生的学是相互作用的;四是教学效果受到各种因素的合力影响。

　　虽然这些规律是必然存在的,但只要我们对其有理性认识,就可以利用它们为教学服务提供诸多便利。通过深入理解和遵循这些规律,我们可以更好地提高教学质量,培养出更多优秀的人才。

3.动力促进功能

教学的基本功能在于其动力促进,这使其可以作为一个动力系统,驱动教师和学生的发展。李森教授在其《教学动力论》中,从教与学的矛盾、教学系统内部矛盾以及教学过程与社会过程的矛盾等角度,深入研究了教学动力。他强调了矛盾论在处理教学问题中的重要性。在此,我们不再详细探讨教学系统中各要素在对立统一中的发展过程,而是聚焦于从学生的学习动机角度分析教学的动力促进功能。

动机——作为学生学习的内在驱动力,是提高学习质量和教学效果的关键。这种内动力建立在学生对学习的情感、态度和意志力的基础上,并与他们的理想紧密相连。为了实现教学任务并推动学生向积极方向发展,教师需要深入观察和理解学生,发掘他们的兴趣,从而培养他们的内动力。

培养学生的内动力是教学的重要任务之一。教师需要引导学生树立远大的目标和理想,激发他们的积极动力。当然,教师的角色至关重要。他们不仅是知识的传播者,更是学生积极发展的推动者。教师需要以自己的热情、知识和积极的生活态度为学生树立榜样,利用自身魅力影响学生。此外,教师应与学生建立良好的沟通,了解他们的需求和特点,从而因材施教。通过与学生互动,教师可以帮助学生发现学习的乐趣,使他们更加积极地参与教学过程。

(四)教学的生态课堂

1.生态课堂的构成要素

生态体系是指在一定范围内,生物与环境之间相互影响、相互作用的能量转换和物质循环的整体。它强调了生态系统内部各要素之间的协调与联系,形成了一个动态平衡的系统。生态课程则是从生态学的角度来审视课程,它认为课程是由生命体与其生活场景共同构成的体系。在这个体系中,生命体之间以及生命体与环境之间存在着相互依赖和影响的关系,形成了一个生命共同体。从生态体系的组成元素来看,生态课程涵盖了课堂生态对象、教育信息以及课堂生态场景等方面。在课堂生态体系中,教师和学生分别扮演着生产者和消费者的角色,他们之间通过信息的"给予—吸收"过程相互影响,形成了教师与学生的联系。这种联系遵循着生态学的循环规律,不断在变化中寻求平衡。教育信息是生态课程的核心,它不仅是知识传递的枢纽,更是维持课堂生态体系平衡的重要因素。在课堂生态体系中,教师和学生之间的关系是平等的,他们都依赖于信息的传播来维持联系,确保课堂生态体系的稳定。只有当信息流动畅通无阻时,课堂才能真正成为一个充满活力的生态系统。

2. 生态课堂的功能

生态课堂的功能是指其内部和外部之间相互联系、相互渗透的特性和能力,表现出某种特定的形态和作用。在生态课堂中,教师和学生的行为引起功能的变化,对整个课堂生态系统产生积极的影响。生态课堂的结构功能和环境决定系统组成,各种结构和环境因素之间相互交互,内部功能与外部作用的相互合作促进了课堂的积极发展。生态课堂由形态结构和营养结构共同组成,师生和环境之间的交互形成形态结构,内外部的物质交换传递形成营养结构。教师和学生之间的交互交流以及物质能量和信息交换的流动为系统注入新鲜活力,使系统恒定平稳运行。对于生态课堂的功能,不同的研究学者有不同的看法。李森等学者认为规范性、可持续性、系统促进和供给是最主要的功能。黄远振等介绍了中间媒介和传递、组建和加工、调控和顺应、发展和推进等功能。窦福良从能量流动、物质和信息交换以及群体之间的交流三个角度阐述了系统内部相关的功能。张舒总结了中介、联系、推进、发展、模范的功能。潘光文归纳了滋养、参考、推进发展和模范引领四个功能。

（1）生态课堂优化结构的功能

课堂生态是由教师和环境组成的,其稳定结合形成了基本的课堂生态结构。教师拥有扎实的学识基础和有效的教学方法,能够更好地向学生传授理论知识;学生则通过学习,获取和运用知识。教材在课堂生态中扮演着重要的角色,是学生获取知识的重要来源。然而,随着信息技术的发展,人们的思维方式也在不断拓展,不再局限于传统的教材学习。利用网络和多媒体等多样化技术手段,学生能够主动发现和吸收知识,不再仅仅是被动接受者。同时,教师和学生之间的角色也在发生变化,彼此成为学习的伙伴和传播者,共同实现双赢。因此,传统的课堂结构正在发生变化,逐渐走向共建生态课堂持续发展的新局面。

（2）生态课堂调协关系的功能

课堂生态中，教师和学生的关系是至关重要的组成部分。作为系统中的主体，教师和学生对课堂的作用至关重要。在不同的学习活动中，教师和学生的关系也会发生变化，既有相互依存的一面，也在不断转换角色。生态课堂不仅仅讲授知识，更能促进师生间的交流与互动，拉近彼此的距离，使关系更加稳定和谐。此外，传统的课堂往往是单向交流，而生态课堂则提供了多维度的交流方式。这种多维度的交流手段可以加强人与人之间的情感联系，对情感产生积极影响。教师影响学生的学习，反过来学生也能影响教师，这种互动应该是积极向上的，否则会打破师生间的和谐共处。对于生态课堂中主体与客体的关系也需要进一步优化，以实现平衡发展。

（3）生态课堂促进演化的功能

生态系统的平稳运行对于确保系统的动力充足至关重要，而系统内外的物质、能量和信息流通是生态系统平稳运行的保障。课堂生态的生态部分属于社会领域，而非自然领域。课堂中的能量不是来自太阳，而是来自系统环境中人与人之间的交流互动。因此，教师和学生的交流对教学具有积极的促进功能，同时需要教材、人际关系、学习方法和正确的价值观相配合。在系统中，信息的主要来源是教师创造知识和知识转化的能力。这些源源不断的知识驱动系统产生信息和智能流动，有助于提升教师和学生的学习环境，增强系统的流畅度，使生态课堂更加自然。学生通过将社会外部的知识进行学习和加工，转化为重要的技能和经验。

（4）生态课堂生态育人的功能

生态系统最基础的作用是提高生产力，而课堂生态的基础作用则是培育精英。生态课堂的基本特性是融洽和共存，其最终目标是教师和学生的同步发展。传统课堂重视学生成长，但生态课堂更强调教师和学生的共同成长，实现教师发展推动学生发展的目标。与传统课堂相比，现代生态课堂更注重学生的多样化发展，而不仅仅是应试教育。生态课堂致力于实现学生的全面发展，包括德育、智育、体育、美育和劳动教育等方面。这样的课堂更注重学生的情感体验和能力提升，而非仅仅关注成绩。因此，生态课堂是一个关注学生全面发展的教育环境，旨在促进学生的可持续发展和均衡发展。

二、数字智能化时代下的高校英语生态课堂构建的策略

（一）加大硬件设施的维护与更新经费投入力度

高校英语教学硬件条件是影响教学活动开展和学生学习效果的重要因素。一个良好的硬件环境能够为学生提供更加丰富、高效的学习资源，提高他们的学习效率和兴趣。因此，学校应该充分认识到高校英语教学硬件条件的重要性，并采取积极的措施来改善硬件设施。

学校应该加大资金投入力度，为高校英语教学提供充足的经费支持。通过引进先进的多媒体教学设备、建设现代化的语言实验室等措施，为学生创造一个舒适、便捷的学习环境。与此同时，学校也应该注重硬件设施的维护和更新。对于已经存在的教学设备，要定期进行检查和维修，保证设备的正常运行；同时，也要及时更新设备，跟上教育技术的最新发展，以满足学生的学习需求。

此外，学校还应该注重提高教师的技术应用能力。通过组织培训和交流活动，帮助教师掌握先进的教育技术，使他们能够更好地利用硬件设施进行教学，提高教学质量。

（二）提供丰富的书籍、期刊等学习资料

高校英语书籍、期刊等资料是学生获取英语知识、提升语言能力的重要来源。为了让学生能够接触到更全面、新颖的英语信息，学校应当重视图书馆英语学习资料的丰富性。

除了传统的教材和参考书，还应引入各种类型的英语学习资料，如英文小说、诗歌、戏剧、电影等，以满足不同学生的兴趣和需求。这有助于激发学生的学习热情，培养他们的跨文化意识和审美能力。充足的图书储备可以让学生随时查阅、借阅，满足他们的学习需求。通过丰富图书馆中的英语学习资料，学校可以营造浓郁的英语学习氛围。学生们可以在图书馆里沉浸在英语的世界中，自由地探索和学习。这不仅有助于提高他们的英语水平，还能培养他们的自主学习能力和终身学习的习惯。

此外,学校还应注重英语学习资料的质量。采购书籍时,应选择内容优质、语言准确的版本,避免低质量或含有错误信息的资料流入图书馆。同时,学校可以邀请教师和学生提供反馈和建议,以便更好地满足他们的学习需求。

(三)建立和谐的人际关系

在高校英语教学中,建立和谐的师生关系和生生关系对于营造良好的课堂氛围、提高教学效率具有举足轻重的作用。为了实现这一目标,师生需要共同努力,从以下几个方面着手。

高校英语教师应该充分了解每位学生的英语基础和兴趣,实施个性化教学。这意味着要尊重学生的个体差异,重视每位学生的主体地位,平等对待每一位学生。通过了解学生的需求,教师可以调动学生的学习热情和自觉性,鼓励学生积极参与集体教学活动,与学生建立亦师亦友的关系。这样的关系不仅能提升学生的学习效果,还能促进师生之间的深度交流。

高校英语教师应在课堂上善于运用现代化教学手段与学生互动。例如,通过共同观看视频并讨论其中的动作,教师可以提醒学生注意相关细节,启发学生思考并提出问题。这种互动方式不仅能提升学生的学习兴趣,还能增加师生之间的交流机会。通过及时解答学生的疑问,教师可以帮助学生更好地理解和掌握知识。

此外,高校英语教师还可以在课堂上组织一些集体性的游戏或比赛,引导学生以小组为单位参与。这些活动可以培养学生的集体主义精神和合作意识,使学生在相互配合中建立和巩固友谊,共同学习和进步。通过团结友爱、互帮互助的方式,学生可以在合作中实现共同成长。

(四)培养高校英语教师的信息化教学能力

在翻转课堂教学中,教师和学生都能快速、方便地获取丰富的教学信息和资源。这种教学形式为师生提供了平等的机会,学生可以自主地从移动网络上获取更多可靠、有用的学习资源,从而扩宽了他们的学习渠道。

对于高校英语教师而言,翻转课堂对其角色、作用和能力提出了更高的要求。教师需要主动适应信息化教学环境,树立信息化教学理念,学习翻转课堂的教学方法和手段,并将其融入日常教学中。这不仅是时代发展的要求,也是教师自我发展和实现自我价值的必经之路。

高校英语教师可以利用移动 App 参与翻转课堂课程的开发设计、分析研究、辅导领航等工作。这种角色的多样性使得教师需要承担更多的责任和使命,自觉提升自己的信息化素养和现代化教学能力。为了更好地服务学生的学习,教师需要认真履行每一个角色,为学生的学习提供优质的服务。

三、数字智能化背景下高校英语生态教学的操作程式

无论是传统的英语教学还是新兴的英语生态教学模式,都遵循着一种基本的程式,这种程式主要包含四个环节:确定教学目标、选择教学内容、选用教学方法和设计教学评价。

(一)确定生态化英语教学目标

1. 语言知识目标的选定

在语言教学中,语言知识的确定主要涉及两个方面:一是确定语言知识目标,二是确定文化知识目标。

一般来说,在确定语言知识目标时,需要从语言特征入手。英语作为一种语言,具有符号性、稳定性和共有性三种特征。语言的符号性意味着它属于一个由音形义三个部分构成的符号系统,不同语言体系采用的符号体系也不同。语言的稳定性意味着它在发展的过程中是一个相对稳定的系统。语言的共有性则是指语言是一个民族的共有物,语言的音形义之间的联结是人为的,具有约定俗成性。因此,在选定语言知识目标时,首先要让学生对约定俗成的符号有清楚的了解和把握,明确符号运作体系,了解各种语言规则,为语言的实际运用打下坚实的基础。①

另一方面,文化知识的目标主要体现在帮助学生树立多元文化意

① 杨雨桦.新时代大学英语与生态教育融合路径研究[J].英语广场:学术研究,2019(8):2.

识、发展学生的批判性思维以及为学生创造学习异质文化的机会等方面。具体来说,教师需要引导学生尊重并理解不同文化的特点和价值,培养学生的跨文化交流能力,使学生能够更好地应对全球化的挑战。同时,教师也需要鼓励学生进行批判性思维和独立思考,以更好地理解和应对复杂多变的文化环境。

2.学生发展目标的确定

语言是交流工具,兼具生成性与社会性。其社会性要求成员视语言为任意符号,可与他人交际;其生成性则使个体能运用规则创造无限句子。因此,英语教学生态模式旨在完善学生语言智能,促进文化发展,并实现世界观、人生观的全面发展。

(1)学生语言智能发展

英语教学不仅涉及语言、语法和文化知识,更重视学生语言能力的提升。语言智能是多元智能理论中的核心概念,指对词义、词序错误的敏感性。具备高语言智能的人能准确传达意思、流畅交流、良好写作和拥有庞大词汇量。诗人、翻译家、作家和记者等都具备较高的语言智能。如果科学培养,学生可能成为律师、演说家和作家等。

(2)学生文化观发展

英语教学生态模式超越了传统"多维目标",提出"多元目标",即英语教育应涵盖社会文化目标等独立目标。这些目标相互独立且重要,为英语教育赋予了更清晰的功能,符合我国素质教育要求。

在生态模式下,"多元目标"包括五个层面的重构:①重构目标观:教师应重视语言教学对学生素质的提升作用,如学习与生活技能、人际交往和批判性思维的培养。②重构情感观:教学中应设立社会文化目标,并融入思维、情感、人际关系和生活态度等内容。③重构交流观:学生应意识到交流不仅是与英语本族人的交流,还应与世界各地的人进行交流。在交流中,学生应学会表达自己和自己的文化,并尊重其他文化和思维方式。④重构文化观:教学内容不应仅限于英语国家的流行文化,而应选择反映社会进步文化的素材,包括世界各地的文化。⑤重构知识观:教学设计应考虑学生的年龄和思维特点,并根据学生的接受程度制定分段目标。

（二）选择生态化英语教学内容

1.语言知识的确定

在英语教学生态模式下，英语作为交流工具涉及多方面知识，需进行整体性教学，融合各学科知识。英语语言的各要素相互关联，如语音与听说能力、语言学习策略与语言表达的顺畅性、文化知识与表达能力等。因此，生态模式下应将知识、文化、策略等方面联合起来。

英语语言知识丰富，选择时应侧重学生必备的基础知识与技能，便于以后提升。同时，英语作为交际工具，内容选择还需考虑学生的实际交际需求。英语语言知识应选择进步、与时代相符的文化内容，反映语言的最新变化和规范的语言表达。内容选择应考虑学生的兴趣，融入重点知识，提升学习积极性。同时，语言是社会文化的载体，应融入思想教育，让学生了解不同风土人情与文化习俗，保持爱国主义与社会主义道德规范的熏陶。

2.文化知识的挑选

作为一门外语课程，英语的最大功能是促进个体与他人的交际，尤其在跨文化背景下，为了确保有效的交际，不仅需要掌握语言知识，还需要对文化有深入的了解。文化是语言背后的灵魂，反映了人们的价值观、信仰、习俗和社会行为。在跨文化交际中，理解并尊重对方的文化是至关重要的。

在选择文化知识进行教学时，应把握一条清晰的主线，将本土文化与西方文化有机地结合起来。这意味着学生不仅要了解西方文化的特点，也要深入探索本土文化的精髓。这种平衡的教学方式有助于学生更全面地理解文化差异，并培养他们的跨文化交际能力。

为了实现这一目标，教师需要具备分析中西方文化差异的能力。他们需要深入研究两种文化的历史背景、价值观、信仰体系、社交习惯、非言语交际等方面的差异。通过对这些方面的深入分析，教师可以帮助学生更好地理解跨文化交际中的潜在障碍和误解，并培养他们在不同文化环境中有效沟通的能力。

此外，培养学生的跨文化能力是英语教学中不可或缺的一部分。这不仅包括语言技能的培养,更重要的是培养学生的文化敏感性和跨文化交际技巧。通过模拟真实跨文化交际场景、组织文化交流活动、引入多元文化内容等方式,教师可以帮助学生发展他们的跨文化能力,使他们在未来的国际交流中更加自信和成功。

第二节　数字智能化时代的高校英语 ESP 教学

在过去的 30 多年里,中国高校英语教学取得了显著的发展。当前,教育主管部门和外语教育界都在热烈讨论高校英语教学与研究未来的发展方向。从 2016 年开始,中国高校试点向应用技术型本科转型,包括人才培养定位、培养方案优化、课程体系调整、校企合作加强等方面的改革。在此背景下,高校英语作为重要学科也面临机遇和挑战,如何定位并在转型中更好地服务于重点专业成为迫切问题。

一、ESP 的界定与教学原则

(一)ESP 的界定

ESP(English for Specific Purposes)起源于"二战"后全球经济和科技飞速发展的时代,当时许多国家正在努力摆脱战争的影响,重建经济、科技和国际交流。随着英语成为科技和商业领域的国际语言,人们意识到学习英语的必要性,以适应快速发展的全球经济和科技环境。除了实际需求外,语言学和心理学的发展也推动了 ESP 的兴起。社会语言学关注语言在实际交际中的使用,教育心理学则强调学习态度和动机对学习效果的影响。这些理论的发展促使英语教学从传统的"教师中心"转向"学生中心",甚至"学习中心",为 ESP 的形成提供了理论基础。

ESP 教学具有明确的目标和针对性,注重实用性和应用性。它与通用英语(GE)的主要区别在于其针对性和专业化。在 ESP 教学中,英语不再是一门独立的学科,而是成为获取专业知识、技能和进行国际交流的重要工具。

ESP学习者主要是成年人和在职的专业人才,他们已经具备了一定的英语基础,学习英语是为了更好地从事特定行业或领域的工作。例如,金融从业人员需要掌握金融英语的术语和表达方式,以便在国际金融市场上进行有效的沟通和交流。同样,旅游从业人员需要熟悉旅游英语的常用表达和用语,以便为外国游客提供更好的服务。此外,ESP学习者还包括高校生,他们在校期间学习ESP课程,是为了为未来的职业生涯做好准备。通过学习专门用途英语,他们可以更好地适应未来的工作环境,提高自身的专业素养和能力。

(二)ESP教学原则

1. 教学以需求分析为基础

在实施高校英语ESP教学时,学习分析是不可或缺的基础。具体来说,这一理念主要表现在以下两个方面。

(1)设定教学目标时需要进行深入的需求分析。这种分析需要从社会需求和学生的个人需求两个角度出发。这意味着,教学目标不仅要关注培养学生的学术素养,还要注重提升他们的职业素养。通过这种方式,可以确保学生不仅在学术上有所建树,还能在未来的职业生涯中具备实际应用能力。

(2)教学内容的选择同样需要进行细致的需求分析。在明确教学目标之后,选择适当的教学内容变得至关重要。教师需要从学校的实际情况出发,结合学生的学习需求和兴趣,选择适合的教材。因为教学内容主要是通过教材来体现的。在选择教学内容时,教师需要遵循需求分析的原则,并采用目标情景分析的方法,确保所选内容既符合社会需求,又能满足学生的实际需要。通过这种方式,可以确保教学内容与实际应用紧密相关,从而提高学生的学习效果和实际应用能力。

2. 实现英语教学与专业教学相融合

为了有效地推进高校英语ESP教学,我们需要在课程设置上确保英语学习和专业学习的紧密结合。这需要从传统的单一语言教学模式向多学科英语教学转变,真正将语言学习融入特定的专业领域中。这种教学模式的转变旨在促进师生之间的教学相长。通过彼此的互动和交流,师生可以实现知识的深度融合,进一步强化语言学习与专业实践的联系。这种互动是双向的,它不仅有助于教师更好地了解学生的学习需求和问题,还能促使学生与教师进行平等交流,从而更深入地理解高校英语 ESP 教学的内容,并掌握与自身专业相关的英语技能。

通过这种方式,教师可以确保学生在学习过程中获得更多实用和具体的专业知识,同时提高他们的英语应用能力。这种结合了语言学习和专业知识的多学科英语教学将为学生提供更广阔的学习和发展机会,使他们更好地适应未来的职场环境。

3. 遵循主体性原则

尽管高校英语 ESP 教学受到多种因素的影响,但以学生为主体的原则始终未变。这意味着在 ESP 教学中,学生的主体地位应得到凸显,教师应对学生的不同特征有深入的了解,并充分挖掘他们的内在潜能。同时,调动学生的学习兴趣也是至关重要的。

ESP 教学的主要目标是培养学生的实际应用能力。在任何教学活动中,学生都应被视为主体,而教师则应始终为学生服务。在具体的 ESP 教学中,从教学设计到教学策略的应用,都需要充分考虑学生的主体性。这样能确保学生的主观能动性得到充分发挥,促进他们在知识、技能和情感等多方面的发展。

4. 多元教学方法相整合

高校英语 ESP 教学具有多元性特点,为了实现英语教学与专业英语的有机结合,教师不仅需要保留传统的教学方法,还需要引入新的教学手段,以实现教学方法的多样化。只有这样,才能充分激发学生对学习的兴趣和积极性。具体来说,我们应从以下几个方面着手:教学方法应具有针对性和多样性,并丰富教学手段和形式,这有助于加强学生之间的互动和反思;教师可以采用具有特色的教学方法,如角色扮演和案例教学,引导学生参与具体的实践活动。这些教学方法能够帮助学生更好地理解和应用所学知识,提高他们的实际操作能力。

此外,由于学生的学习需求和英语基础各不相同,教师可以采用个性化教学或分层教学的方法。这就要求教师对学生的学习情况有清晰的了解,并根据学生的实际情况进行合理分层。针对不同层次的学生,为他们制定符合自身发展的教学目标,并进行科学的教学评价。这种个性化教学的方法能够更好地满足不同学生的需求,提高他们的学习效果和成就感。

二、高校英语教学与 ESP 理论结合的可行性

随着全球化的深入发展,英语作为国际交流的通用语言,其重要性日益凸显。英语教学的最终目的不仅仅是让学生掌握语言知识,更重要的是让学生能够在实际生活中运用英语。因此,英语教学需要从传统的以语法和词汇为中心的教学模式转向注重实际应用的教学模式。在这样的背景下,专门用途英语教学(ESP)应运而生。ESP 教学旨在将英语教学与特定职业或领域的需求相结合,使学生能够在该领域中熟练运用英语。通过 ESP 教学,学生不仅能够掌握基本的英语语言技能,还能够了解该领域的专业术语、表达方式以及沟通技巧。

在高校英语教学中引入 ESP 教学能够更好地满足学生的学习需求。随着社会的发展和行业的细分,学生对于英语学习的需求也越来越多样化。他们不仅需要掌握基本的英语语言技能,还需要了解特定行业的专业知识和技能。ESP 教学能够根据学生的专业需求和兴趣,提供更加贴近实际应用的英语教学,从而更好地满足学生的学习需求。

随着经济的全球化和国际化,用人单位对于毕业生的英语能力要求也越来越高。他们不仅要求学生具备基本的英语语言技能,还要求学生在特定行业中能够熟练运用英语。ESP 教学能够培养学生的实际应用能力,使他们更好地适应用人单位的需求,提高他们的就业竞争力。在高校英语教学中引入 ESP 教学,能够更好地培养学生的跨文化交际能力和实际应用能力,使他们更好地适应全球化时代的需求。

(一)ESP 教学原则符合高校英语教学要求

专门用途英语(ESP)教学坚持以学生为中心、真实性原则和需求分析原则,这三大原则与高校英语教学的要求相契合,为提高英语教学质量提供了有力的支持。

1. 以学生为中心原则

ESP 的教学目标非常明确,主要针对成年人群。考虑到他们有限的时间和未来的工作需求,这要求 ESP 教学应以学生为中心,重点培养学生的交际能力。在制定教学目标和教学内容时,应从学生的实际需求出发进行考量。哈钦森与沃特斯指出,虽然语言使用是语言教学的重要目标,但在 ESP 教学中,语言使用并不是唯一目的,而是语言学习的手段。真正实施 ESP 教学需要基于对语言学习过程的深入理解。[①] 这里所指的语言学习是指能够影响教学方法和学习策略的教学方法。强调语言学习实际上是为了体现以学生为中心的理念,这与高校英语教学理念相契合。

在当今的高校英语教学中,我们需要改变传统的以教师为中心的模式,更多地强调以学生为中心,并设计多样化的课堂活动。根据学生的语言水平差异,设置不同的课堂学习任务,以激发学生的积极性并充分发挥他们的主观能动性。这样不仅可以培养学生的跨文化交际意识,还能进一步提升他们的跨文化交际能力。

2. 真实性原则

在 ESP 教学中,真实性原则是至关重要的,它是 ESP 教学的核心和灵魂。具体来说,教材内容应该紧密结合专业领域,选取与该领域相关的真实语料。无论是课内还是课外的活动和练习设计,都需要与英语社会的文化情境相契合,只有具备真实的语篇材料和学生任务,才能真正体现 ESP 教学的特色。

同时,真实的材料还需要考虑不同体裁的特点,并注重听、说、读技能的训练以及学习策略的培养。高校英语教学应尽可能使用真实的材料,以便学生在毕业后能够将所学应用到实际工作中。这样,高校英语教学的实用性也得以体现。

通过坚持真实性原则,ESP 教学能够更好地满足学生的学习需求和用人单位的需求,培养出更加符合社会需求的国际化人才。这样的教学理念和方法不仅有助于提高教学质量,也能够增强学生的实际应用能力和就业竞争力。

---

① 方燕芳.英语思维与英语教学[M].成都:电子科技大学出版社,2017:82-84.

3.需求分析原则

需求分析是 ESP 教学大纲制定和教材编写的基础。ESP 教学基于需求分析的理念,对学习者的不同需求进行深入分析。通过将学习和使用相结合,为高校学生提供了满足自身需求的交流形式。这表明 ESP 教学体现了高校英语教学与学习是为职业岗位服务的宗旨,有助于调动学生的学习积极性和主动性。ESP 教学的原则与高校英语教学对学生的尊重和关注学生需求的理念相契合,强调以学生为中心的教学方式。

在 ESP 教学中,需求分析涉及两个主要方面:对学习者的目标需求进行分析,即研究他们在未来可能遇到的交际情境。了解学习者在特定职业领域中可能遇到的交流场景,对于设计合适的教学内容和教学方法至关重要;对学习者的学习需求进行分析,包括哪些方面的知识、技能是必要的,哪些应先掌握,哪些可以稍后学习等。此外,一些学者还强调对教学环境进行考察,因为教师队伍和校园氛围等因素也会对教学产生影响。

对于高校学生来说,由于他们的英语水平和需求存在差异,因此英语教学需要以实用为主,根据学生的实际需求进行教学。从学生的基础出发,调整教学层次,突出职业岗位所需的能力,并促进学生各项能力的协调发展。由于高校英语教学的课时有限,教学内容应紧密结合学生的专业需求,传授必要的知识和技能,以提高学生的学习效果。

(二)ESP 教学理念与未来高校英语培养目标一致

ESP 教学以专业需求为基础,探索英语与专业相结合的教学模式,注重实用性和专业性,注重培养学生的语言运用能力。这与当前我国高校英语教学强调的培养与职业能力相匹配的英语应用能力是一致的。ESP 教学特别关注学生交际能力的培养,旨在帮助学生适应未来的工作岗位。[①] 同样地,我国高校英语教学的培养目标也是使学生能够在特定岗位上运用英语。

ESP 教学目标设置以需求分析为基础,从专业或职业需求中提炼出所需的英语运用能力,进而整合词汇、语法等知识,形成具有针对性和

---

① 杨雪静.高校英语教学模式创新研究[M].长春:吉林人民出版社,2021:58-60.

实用性的教学路径。当前的高校英语教学也以职业、岗位为目标,培养学生能够在未来的工作中运用英语完成任务。由此可见,ESP 教学为教师提供了实现高校英语教学目标的有效手段。

(三)高校学生具备接受 ESP 教学的基础

如前所述,ESP 的学习者主要是成年人,包括各行业的高级人才,有些正在接受岗位培训,也有一些是在校高校生。对于他们来说,英语不仅仅是一门语言,而是一种工具,用于提升自己在工作或专业领域中的表现。对于高校学生来说,他们已经具备了基本的英语语言基础,这些基础知识是他们在未来职业生涯中必不可少的。通过 ESP 教学,教师可以进一步传授更高层次的知识,帮助学生掌握与专业相关的词汇、会话和行业规范等,从而激发他们的学习兴趣和积极性。

ESP 教学是 EAP 教学的延伸,是从基础英语能力向英语应用能力的过渡。通过 ESP 教学,学生可以掌握与专业相关的英语技能,如阅读专业文献、撰写行业报告等,这实际上是对他们自身专业能力的有益补充。这样的教学方式旨在帮助学生为未来的终身学习和发展做好准备,使他们能够更好地适应不断变化的工作环境和技术要求。

(四)高校教师具备 ESP 教师的潜质

从 EAP 过渡到 ESP 需要一个渐进的过程,要求 ESP 教师具备较高的英语水平和一定的专业知识。这种角色是普通英语教师和专业英语教师的结合。

为了具备 ESP 教师的能力,高校英语教师需要经过不断的培训,以培养综合语言技能。对于英语水平较高的教师,应进行专业培训,鼓励年轻教师攻读硕士、博士等学位,从而壮大 ESP 教师队伍。此外,高校英语教师与专业教师应加强合作,开展跨学科交流,互相弥补知识不足,不断提升教师的专业素质和能力。通过这样的合作,可以构建一支既具备专业知识又精通英语的强大团队。

此外,当前高校与企业之间的合作日益加强,为高校英语教师提供了更多的实践机会。通过深入了解学科专业知识和实践,教师可以为 ESP 教学奠定坚实的基础。这种合作模式有助于提升教师的动手能力,使他们更好地理解学科专业知识并将其融入教学中。

三、数字智能化背景下高校英语 ESP 教学的建构

（一）创新教学目标，完善教学设计

为了推进 ESP 教学改革，首先需要对教学目标进行创新和完善，同时明确教学内容。教学内容通常基于教学目标进行构建。高校 ESP 教学是英语基本知识与专业知识的融合，因此教学内容可以分为两部分：学术知识和专业知识。学术知识指的是英语基础理论，而专业知识则涉及学科知识。这两者紧密相关，英语基础理论知识是学科知识的前提和基础，而学科知识是基础理论知识的拓展。高校 ESP 教学旨在实现两者的融合。

具体而言，可以从学生的实际情况出发，进行课程设计，将传统的英语教学内容与专业知识相结合，以满足学生的实际需求。在高校英语教学中，可以采用渗透式教学与分层教学相结合的模式。这种模式有助于学生适应不同的教学模式。两种教学模式的结合可以为高校四年的 ESP 教学提供综合设定。在大一和大二阶段，主要关注基本的英语技能，同时逐渐渗透 ESP 教学的知识。到了大三阶段，可以正式引入 ESP 教学，并根据不同专业进行课程设计，以适应不同学生的专业发展需求。

通过这样的教学设计，学生可以在学习英语的同时，逐渐掌握与专业相关的知识和技能，为未来的职业生涯做好准备。这种教学模式不仅可以提高学生的英语应用能力，还可以增强他们的专业素养和综合能力。

（二）充分利用空间，建立多元交互的课程体系

在高校 ESP 教学中，实现课程设置与教学风格的一致是基本前提。为此，教师在课程设计上需付出努力。

1. 充分利用必修课与选修课。例如，学生入学后可进行摸底测试，以确定是否可以直接接触 ESP 课程。根据学生的专业和个人水平，选择适合的专业英语课程。另外，从难易程度划分课程，简单课程可作为

必修课补充,供学生在空余时间学习;难度较大的课程可安排在大三学习,具体安排需根据学生实际情况而定。

2.构建多元交互的课程体系。该体系基于通用英语教学,巩固学生的基础知识,并将 ESP 教学作为核心,其目标是摆脱传统教学模式,让学生接触专业英语并学会将其应用于实践中。同时,设置跨文化交际课程以拓宽课程范围,丰富教学内容,并利用网络让学生了解中西文化差异,培养学生的人文素养。

(三)利用现代化教学手段,拓展学习空间

随着信息技术的不断进步,学生获取知识的途径越来越丰富,碎片化的学习机制也相继出现。这些变化对 ESP 教学产生了深远的影响。

高校 ESP 教学的目标是培养具备国际视野的专业英语人才,因此,利用信息技术,引入慕课、微课等多元化教学模式,激发学生的学习兴趣,并丰富学习内容。教师可以通过设置真实的学习情境,让学生身临其境地感受专业英语的应用场景,从而更好地适应专业需求。

四、数字智能化时代下的高校英语 ESP 教学的策略

(一)课前的预习及准备阶段

在制定教学目标和教学内容时,教师应明确教学的重点和难点。根据 ESP 和翻转课堂的特点,教师应在课前学习阶段为学生提供基础知识,而在课堂讨论阶段则注重专业知识的运用。通过这种方式,教师可以确保学生在课前对课程的基本概念和框架有清晰的认识,并在课堂上通过实际应用和讨论进一步加深理解和掌握。

1.课前制作教学视频

教师应根据教学单元的要求,采用微课和微视频等形式,制作成小视频,以丰富教学内容。这些视频应包括专业知识背景、专业英语词汇、语法知识、案例分析等方面的内容。为了促进学生自主学习,教师还可以在视频中设计提问等环节,让学生尝试、比较和反思,从而加深理解。

学生在课前需要完成基础知识的自主学习,根据自己的学习进度,自行控制视频的播放进度,实现个性化的课前自学。完成课前学习后,学生应带着问题去思考,这会激发他们的求知欲望,使他们能够积极回答问题,与教师在课堂上形成互动,从而提高课堂效率。[①]

通过这种方式,学生可以更好地掌握基础知识和专业英语词汇,同时提高他们的实际应用能力。教师在课堂上可以专注于解答学生的问题和引导他们进行深入讨论,进一步加深学生对知识的理解和掌握。这种教学方式可以激发学生的学习兴趣和主动性,促进他们更好地运用所学知识解决实际问题,提高教学效果和学习质量。

2. 课前沟通讨论

课前学习内容和要求是通过 QQ 群、微信、腾讯会议或钉钉等平台发布的。发布后,教师可以在开课前一天通过这些平台及时了解学生的反馈信息,并针对学生的问题或困惑进行初步的在线交流和解答。这些在线平台不仅方便快捷,还能让教师随时掌握学生的学习进度和情况。通过与学生的互动,教师可以更好地了解学生的学习需求和困难,从而在课堂上进行更有针对性的讲解和指导。

此外,教师还可以利用这些平台发布一些与课程内容相关的扩展资料、阅读材料或练习题,以帮助学生更好地巩固和拓展所学知识。同时,学生也可以通过这些平台提交作业、参与在线测试或讨论,与教师和其他学生进行交流和互动。这些在线学习方式不仅能提高学生的自主学习能力,还能加强师生之间的沟通与合作,促进教学效果和学习质量的提升。

(二)课中的教学及互动阶段

1. 检查学生课前预习效果

在开课前,教师可以通过提问或小测验的方式检查学生的预习效果。这种方式不仅可以让教师了解学生的学习程度,还能激励学生认真

---

① 陈春燕　朱天菊 . 翻转课堂在专业英语中的探索 [J]. 读与写:教育教学刊,2015,12(11):2.

完成课前学习任务。在讲解课程重点和难点时,教师需要采用启发式的教学方法,根据学生的原有知识状况和技能水平,引导他们从多个角度思考和感悟。教师可以使用富有启发性的教学语言和多样化的教学方式,启发学生多方联想,加深对知识点的理解。同时,教师还需要根据教学难点的多样性,思维方式的多向性,采用多种引导方法,以便学生能够更好地理解和掌握相关知识。

另外,教师还需要考虑课程的应用性和专业知识的拓展。ESP 教学需要与专业知识紧密结合,让学生在掌握语言技能的同时,也能够了解和掌握相关的专业知识。这样可以更好地培养学生的实际应用能力,提高他们的综合素质。

2.课堂讨论以便学生相互学习

针对教材中的难点、重点和容易出错的地方,教师可以引导学生进行探究和分组讨论。通过讨论,学生可以相互交流观点,拓展思维,增强自信,并加深对教材内容的理解。讨论结束后,学生需要提交书面讨论结果或者公开发表意见,这样既可以检验学生对已有知识的掌握程度,又可以促进他们对新知识进行创新应用。同时,教师需要针对学生在讨论中提出的共性问题进行解答,并巡回解答各小组的特定问题。这样可以确保学生得到及时的指导和帮助,解决他们在学习过程中遇到的困惑。

在课堂接近尾声时,教师需要密切关注学生对知识点的掌握程度,以便及时调整教学策略和优化课程体系。通过了解学生的学习情况,教师可以不断改进培养模式,更好地满足学生的学习需求,提高教学效果和学习质量。

(三)考核和评估

为了提高学生学习 ESP 词汇的效率,教师可以根据课程进度,对学生进行每章节的考核。通过每章节的考核,教师可以及时了解学生对 ESP 词汇的掌握程度,并针对学生在学习中的不足之处进行有针对性的指导和帮助。这有助于强化学生对相关词汇的理解和记忆,提高他们的学习效果。同时,考核还可以促使学生更加积极主动地学习 ESP 词汇,培养他们的自主学习能力和创新思维。

此外,教师还可以根据考核结果不断优化教学内容和方法,提高教学质量。通过分析学生在考核中的表现和问题,教师可以发现教学中的不足之处,并及时调整教学策略和内容,使之更加符合学生的学习需求和发展方向。

第三节　数字智能化时代的高校英语课程思政教学

随着数字智能化时代的到来,高校英语教学与思政教育相结合已成为一种新的趋势。这种结合旨在培养具有全球视野和跨文化交际能力的复合型人才,同时引导学生树立正确的价值观和世界观。

一、课程思政教学概述

课程思政是高校教育的新理念,旨在培养符合新时代要求的人才。我国高校历来肩负为国家培育优秀人才的使命,进入新时代,国内外环境变化对教育系统提出更高要求。思政教育作为高等教育的重要组成部分,始终围绕着为国家培养人才的目标而展开。

(一)思政教育的提出

课程思政的发展已经历了三个重要阶段。早在 2005 至 2009 年,上海率先试行了"两纲教育",为思政教育探索了新的路径。接下来,从 2010 至 2013 年,全国范围内开始推行"德育一体化"教育,旨在实现思政教育的系统化、规范化。2014 年至今,课程思政已经形成了成熟的思政课程教学体系,为高等教育中的思政教育提供了坚实的支撑。

思政课程的提出并非偶然,而是与时代背景紧密相连。经过 40 多年的改革开放,我国在经济、科技、文化等各个领域都取得了举世瞩目的成就。这些进步不仅增强了民族自信心,也让世界对中国的发展刮目相看。为了实现中华民族伟大复兴,从大国迈向强国,国家对人才的培养提出了新的、更高的要求。单纯地拥有知识和技能已经不足以满足新时代的需求。未来,高校学生不仅要在专业领域内出类拔萃,更要有过硬的思想政治素质。

正是在这样的背景下,国家提出了"课程思政"这一新型教育模式。其核心目的在于将思政教育内容有机地融入各个学科之中,从而打破过去那种生硬、刻板的思想政治教育方式。通过这种方式,高等教育中的思政教育得以更加自然地渗透到学生的日常学习中,确保思政教育不再是孤立的、与专业课程割裂的教育内容,而是真正地与专业课程相互融合、形成协同效应。

课程思政的提出与实施,无疑为我国高等教育的人才培养提供了新的思路和方向。它不仅确保学生能够获得全面的知识和技能,更确保学生能够在思想政治上得到正确的引导和培养。这不仅有助于培养出德才兼备的人才,更是为国家的长远发展奠定了坚实的基础。

（二）课程思政概念的界定

课程思政是高等教育中对学生思想政治水平的基础教育,旨在将科学的、普世的政治观念和思想潜移默化地融入学生的日常学习和生活中,以指导他们未来的工作和人生选择。当代青年学生成长于中国经济飞速发展的时代,他们从小生活在社会稳定、物质充沛的环境中。然而,过于安逸的生活环境可能导致精神上的懈怠,长远来看,这并不利于国家的持续发展。因此,国家需要在高校教育中加强对学生思政水平的培养,引导他们形成正确的价值观和健全的人格。课程思政的实施显示出其优越性,并在当前的思政教育中发挥重要作用。

关于课程思政的概念,学界尚未有明确统一的界定,这给高校实施课程思政工作带来了一定的障碍。目前存在一个比较有代表性的观点,由北京高校的孙蚌珠教授提出:"思政课程是思想政治理论教育的课程体系,而课程思政则是教学体系。"[①]这一观点很好地区分了课程思政和思政课程的概念,对课程思政进行了界定。

---

① 王景云.论"思政课程"与"课程思政"的逻辑互构[J].马克思主义与现实,2019（6）:6.

（三）课程思政的要求

1. 以高校党委为政治核心

在高校中，思想政治教育工作是党委的重要职责范畴。因此，课程思政的实施应当以校党委为核心，负责组织和协调各院系和学科的思政教育工作。高校党委作为学校的领导核心，具备强大的组织协调能力和资源调配能力，能够调动学校的行政、教学等各个部门的人力、物力资源，确保课程思政工作得到全面、有效的推进。

高校党委在思想建设、组织建设和制度建设等方面积累了丰富的经验。这些经验和优势使得党委成为推行课程思政的最有力部门，能够确保思政教育内容的准确性和教育活动的有效性。作为高校的政治核心，校党委能够准确把握党和国家对课程思政的指导精神，确保思政教育方向与党和国家的要求保持一致。这有助于高校切实贯彻和落实课程思政的各项要求，培养出符合国家要求和社会需要的优秀人才。

2. 发掘课程中的思政资源

根据课程思政的指导思想，高校需要在各个院系的专业课程中进行优化，确保教师在授课过程中不仅传授专业知识，还要将思想政治内容与专业课知识有机地结合，使学生在获得知识的同时，也得到全面的成长。这种教学模式旨在实现"教书"与"育人"的完美结合，为学生提供更加全面的教育。

为了实现这一目标并获得理想的教学效果，教师需要选择合适的方式与思政内容相结合进行教学。这需要教师具备较高的专业素养和思政水平。在日常工作和学习的过程中，教师需要不断拓展自己的知识和视野，在提升专业能力的同时，加强对思想政治内容的学习，并将其整合进教学内容中。

在掌握和整理学科知识体系的基础上，教师应当将德育内容放在重要位置，让学生在专业知识的学习中同时提升思政意识和素养。通过这种方式，学生不仅能够获得专业知识，还能够培养正确的价值观和健全的人格，为未来的发展奠定坚实的基础。

3. 注重教师队伍的建设

在推进课程思政教学模式的过程中,除了遵循国家的指导精神和校党委的统筹安排,加强教师队伍建设也是至关重要的。教师是实践思政课程的关键人物,他们的授课内容和方式直接决定了思政融入专业知识的成效,以及学生对课程思政的接受程度。因此,教师的思政水平对于提升教学质量和效果至关重要。

为了提升教师的思政水平,高校可以从多个方面入手。首先,加强教师培训,通过定期的思政培训、专题讲座和研讨班等,深化教师对课程思政内涵和要求的理解,提升他们的思政理论素养和教学能力。其次,建立思政导师制度,为青年教师提供一对一的指导,帮助他们有效地将思政元素融入专业课程中。此外,开展教学观摩活动,促进教师之间的交流与合作,共同探讨课程思政的实施策略。同时,完善激励机制,表彰在课程思政教学中表现优秀的教师,激发他们参与课程思政建设的积极性和创造性。最后,强化师德师风建设,引导教师树立正确的教育观念,增强其责任感和使命感,让他们在课程思政建设中发挥更大的作用。通过这些措施的综合实施,可以全面提升教师的思政水平,进一步推动课程思政教学模式的发展,提高高校人才培养质量。

4. 协同发挥"课程思政"和"思政课程"的作用

课程思政教学模式是对传统强调专业教学的模式的优化和创新。它突破了传统的教学模式,将思政内容有机地融入专业课程中。通过这种教学模式,教师在传授专业知识的同时,引导学生从一个全新的视角看待世界,培养他们的发散思维和创新能力。

课程思政教学模式强调跨学科的整合与融合。通过将思政元素与专业课程相结合,学生不仅能够深入理解专业知识,还能够拓宽视野,培养全面思考问题的能力。这种教学模式鼓励学生跳出传统的思维框架,激发他们的探索精神和对世界的深刻理解。

课程思政还需要与传统的思政课程相结合,形成协同效应。这种结合能够充分发挥两者的优势,相得益彰。通过加强两者之间的交流与合作,可以更好地发挥思政课程和课程思政的育人作用,达到更加理想的育人效果。

思政课程作为传统的思想政治教育方式,具有系统性和理论性的特点,而课程思政则更注重在专业课程中融入思政元素,让学生在实践中感受和领悟。两者的结合能够使学生在掌握专业知识的同时,潜移默化地接受思政教育,实现知识传授与价值引领的有机统一。

（四）课程思政的意义

课程思政对国内高等教育的人才培养具有深远的意义。随着未来人才竞争的加剧,社会对人才的要求将不断提高。然而,由于历史和国情等多方面因素的影响,过去的人才需求更侧重于专业技能的培养。然而,随着国家发展战略的调整,对人才提出了新的要求。

为了适应这一变化,高校需要加强课程思政的建设。通过将思政内容融入专业课程,可以帮助学生树立正确的价值观和道德观念,培养他们的人文素养和社会责任感。这样的人才不仅具备扎实的专业知识,还具备较高的道德素养和社会责任感,能够更好地适应社会发展的需要。

因此,课程思政的建设对于提高高等教育质量、培养德才兼备的人才具有重要意义。高校应该重视课程思政的实施,加强教师培训和资源投入,推动课程思政与专业课程的有机融合,为培养具有全面素质的人才做出积极的贡献。

1. 课程思政是立德树人的必然发展路径

（1）教师开展思政教育的必然途径

立德树人是高校教育的核心目标,也是人才培养的根本原则。在高校思想政治工作中,对人才的思想政治教育始终是至关重要的环节。然而,传统的思政教育仅仅依赖于思政课程,对于学生思政水平的全面提升显然是不足够的。因此,为了更好地落实国家提出的立德树人任务,提出了课程思政的创新理念。

课程思政强调将思政教育有机地融入每一门专业课程中,旨在全面提高学生的思政水平。通过这种创新的教育模式,学生不仅能够在专业课程中深入理解思政内容,还能够更好地将思政理念与实际生活相结合,培养出具备高尚品德和责任感的人才。

这种教育模式的实施需要高校教师的积极参与和共同努力。教师需要深入挖掘专业课程中的思政元素,将思政教育与专业知识有机融合,使学生在学习专业知识的同时,潜移默化地接受思政教育。同时,高校也需要提供相应的培训和支持,帮助教师更好地实施课程思政,全面提升学生的思政水平。

（2）拓展人才视野的必经路径

高等院校作为学生进入社会前的最后一道关口,承担着为日后社会建设培养人才的重要使命。经过多年的努力学习和积累,学子们已经掌握了扎实的专业知识和技能,怀揣着对社会发展的期望和理想。仅仅拥有专业知识并不足以支撑他们在复杂多变的社会中立足。

社会竞争是多元且复杂的,除了专业技能外,具备坚定的思想政治觉悟对于青年学生来说至关重要。如果没有正确的价值观和道德观念的引导,青年学子在面对社会中的种种诱惑和挑战时,可能会失去方向,甚至误入歧途。因此,高校学生需要在正式踏入社会之前,寻找一个全面提升思政水平的有效途径。课程思政教学模式正是这样一种解决方案。它将思政教育有机地融入专业课程中,使学生在学习专业知识的同时,潜移默化地接受思政教育,培养正确的价值观和道德观念。

通过课程思政的实施,高校可以更好地履行其育人职责,为社会培养出既具备专业技能又具备高尚品德的优秀人才。这不仅有助于提高学生的综合素质和竞争力,也有利于推动社会的和谐与进步。

2. 课程思政是思政教育的必然发展方向

传统的思政教育主要依赖于思想政治课程,通常以理论讲解为主要形式。这种教学方式虽然深入探讨了思想政治的理论内容,但仅仅停留在"纸上谈兵"的层面,未能为学生提供具体、生动的实践环境,导致思政教育的实际效果不尽如人意。

为了解决这一问题,课程思政的理念应运而生。该模式旨在将思政教育融入各个学科的教学中,使思政元素与专业知识紧密结合。通过这种方式,思政教育不再是孤立的、理论化的,而是渗透到学生的日常学习中,成为他们专业知识体系的一部分。

这种碎片式融入的方法不仅增强了思政教育的应用性,还使其更具持久性。学生在学习专业知识的过程中,潜移默化地接受思政教育,使其在日常实践中得到更广泛的运用。同时,随着时间的推移,学生将逐渐意识到思政教育在人生道路上的重要指导意义,使其观念在潜移默化中得到深化和巩固。

因此,课程思政模式是对传统思政教育的一种创新和改进。它通过将思政教育融入专业课程,为学生提供了一个全面、深入的思政教育平台,有助于培养出既有扎实专业知识又有高尚道德品质的优秀人才。

3. 课程思政是培养高级人才的必然选择

在未来社会,我们需要的是全面发展的人才,他们不仅需要具备专业知识和技能,还需要具备独立的人格和坚定的思想政治觉悟。为了在复杂的社会竞争中保持强势发展态势,高校学生需要接受全面、立体的教育。仅仅依靠书本知识是远远不能满足高级人才的发展需求的,课程思政教学模式正是为了满足这一需求而提出的。它将思政教育有机地融入专业课程中,使学生在学习专业知识的同时,潜移默化地接受思政教育。这种教育模式能够帮助学生树立正确的价值观和道德观念,培养他们的人文素养和社会责任感。

通过课程思政的实施,高校可以为学生提供更加全面、立体的教育体验。学生不仅能够在专业课程中深入理解思政内容,还能够通过实践和活动将思政理念与实际生活相结合,培养出具备高尚品德和责任感的人才。因此,课程思政是培养全面发展人才的重要途径,它能够满足社会对人才的需求,提高学生的综合素质和竞争力,为他们在未来的社会竞争中保持强势发展态势奠定坚实基础。

二、课程思政背景下高校英语教学现状

高校英语课程作为高校教育体系中的重要组成部分,对于全面贯彻党的教育方针、适应改革开放的需求起着至关重要的作用。这门课程不仅承担着传授英语知识的责任,更致力于培养学生的英语综合运用能力和正确的价值引领。在新时代,高校英语教学必须紧跟时代步伐,适应培养中国特色社会主义现代化强国所需人才的需求。然而,当前高校英语教学中存在一些问题,这些问题已经落后于新时代、新形势的发展要求,亟待解决。这些问题主要表现在以下几个方面。

(一)高校英语教师思政意识不强

由于长期受到传统教育观念的影响,许多高校英语教师在教学中没有融入思政教育的意识,缺乏将思政教育融入课堂教学的主动性。在英

语教学中,教师往往只关注学生听、说、读、写、译等语言知识和技能水平的提高,而忽略了思政教育的重要性。

在教学目标的设定、教学过程的设计、课后作业的布置以及考核评价办法的制定等方面,教师往往只围绕学生的语言知识和技能水平进行考虑,而没有将思政教育纳入教学目标和评价体系之中。这种教学方式导致了英语课堂教学的单一性和片面性,使英语课堂失去了思政教育的功能。[①]

此外,有些教师对"课程思政"的认识不端正,认为思政教育是思政理论课教师和辅导员的职责,与英语教师无关。这种观念导致了英语教师在教学中只关注传授英语知识,而忽略了对学生思想道德和价值观念的引导和培养。

这种情况不仅不利于英语课程思政教学模式的实施,甚至会阻碍其推进。为了改变这种局面,高校英语教师需要转变观念,增强思政教育的意识,积极探索将思政教育融入英语课堂教学的方法和途径。同时,学校和教育部门也需要加强宣传和培训,提高教师对课程思政的认同度和参与度,推动英语课程思政教学模式的全面实施。

只有这样,我们才能充分发挥英语课程的思政教育功能,培养出既有扎实的英语语言能力,又有正确的思想道德观念的优秀人才。

(二)英语教材内容更多展现的是英语国家的价值观念与意识形态

为了确保英语语言的纯正性,高校英语教材主要选用英语本土人的作品。这些作品内容丰富多样,涵盖了政治、经济、历史、社会和文化等多个领域,从而展现出英语国家的价值观和意识形态,然而,长期使用这些英语教材进行教学,可能导致学生在学习过程中更多地接触到西方的文化和思想。学生在学习如何用英语表达西方文化、讲述西方故事的过程中,可能会潜移默化地受到西方文化和意识形态的影响。

这种长期的影响可能使学生逐渐接受西方文化习俗和价值观,不利于学生树立社会主义核心价值观,也不利于学生坚定中国文化自信。在跨文化交流中,学生可能会面临用英语讲述中国故事时的不适应和困

---

① 尤广杰.高校英语思政教育理论与实践 [M].北京:中国旅游出版社,2022:20—22.

难。因此,我们需要重新审视高校英语教材的选择,以确保学生在学习英语的同时,也能够深入了解中国文化和价值观,培养他们的跨文化交流能力,并使他们能够自信地用英语讲述中国的故事。这不仅有助于培养学生的国际视野,还能够促进中外文化的交流与理解。

（三）高校英语教师缺乏开展课程思政的有效方法

部分高校英语教师在每节课的教学中,往往只关注知识和能力方面的目标,而缺乏在课堂中融入思政教育目标的意识。这主要是由于教师自身在受教育阶段缺乏足够的思政教育,导致在确定思政教育目标的能力上存在不足。

为了改变这一现状,我们需要提高高校英语教师的思政素质和技能。首先,要加强教师培训,提高教师挖掘英语教材中的思政教育元素和找到与思政教育内容最佳契合点的能力。同时,教师需要掌握思政教育的理论、观点和技巧,以便更好地将其融入英语教学中。

此外,教师还需要不断探索、总结和改进教学方法,使英语知识和思政教育能够自然地结合在一起。在教学过程中,教师需要找准融入思政教育的最佳时间点,避免生拉硬拽或牵强附会的现象。

为了提高思政教育的说服力,教师应该注重学生的情感体验和感知,让学生在英语学习中得到充分的情感共鸣。通过改进教学方法和手段,教师可以更好地引导学生树立正确的思想道德观念,实现英语课程的育人功能。

三、数字智能化时代下的高校英语课程思政教学的策略

翻转课堂彻底颠覆了传统教学模式,引发了课堂管理、课程体系、教师角色和考核方式等一系列变革。如今,许多教师采用数字智能化时代提升教学质量,使其成为高校教育领域课堂教学改革的重要标志。虽然一些教师会在授课中融入思政内容,但由于缺乏完善理论体系,这些内容存在碎片化问题。因此,需要采取恰当策略实施基于课程思政的高校英语翻转课堂教学。

（一）以学生为主体，以教师为主导

要打破传统的高校英语讲授式教学模式，我们应利用数字智能化时代重新设计高校英语教学。这种模式将课堂交给学生，引导他们从被动学习转变为主动探索。

在课前，教师设定明确的课程目标、问题和任务，并引导学生组建团队进行合作。通过云班课平台，根据学生的兴趣点和实际学习情况，创建讨论组。学生需围绕特定话题搜索相关资料，并将讨论结果制作成PPT进行课堂汇报，其他组的学生可以参与讨论、质疑和建议，而教师则负责最后的评价。

课后，学生根据评价和建议继续完善他们的学习内容，并提交到云班课平台。只有经过教师审核通过后，他们才能进入下一学习环节。整个过程中，学生始终以主人翁的角色参与课堂学习，积极发表观点和解决问题。

教师需要深入理解我国的教育政策和法规，将思政要素分解为多个具体元素。同时，他们还应挖掘与高校英语课程相关的思政育人元素，结合国外翻转课堂的先进经验，选择合适的高校英语课程思政案例。

在实施翻转课堂教学模式时，教师应启发学生思维，将专业知识结构进行模块化、碎片化处理。准确找到课程思政的切入点，提炼育人元素，并将其融入思政教育，使学生不受时间和地点的限制，随时进入英语学习状态。

（二）线上线下相结合

高校英语交互设计课程具有技术性、艺术性和前沿性，实践性强，学习难度高。学生需运用互联网、逻辑和商业思维进行创作。课程要求持续关注用户需求，接受市场反馈，并关注时事和人们关注的对象。这些特点促使教师运用多元化教学方式，提升教学质量。

一是线上线下混合式教学。丰富的线上资源是混合式教学的前提，包括教师录制的微视频、课件等，以及国家级、省级精品在线开放课程资源。教师合理选择线上资源，安排学生课前学习，并根据学生线上学习情况开展针对性教学，解决共性问题。教师还可设计课堂活动，检测学生学习效果,查漏补缺、温故知新。

二是优化教学管理。利用线上教学平台建立线上教学数据库,与学生互动,监测学生学习进度。学生自主安排时间学习线上教育资源,课程负责人和助教分别监测学生学习进度。教师通过在线签到、答疑、知识评测等环节把控学生学习进度和知识掌握程度,对薄弱环节强化训练。同时,教师精心设计课后作业,记录、评价学生线下讨论表现,了解学生学习情况,批改课程作品及课题汇报。评价环节结合线上和线下表现,对学生进行全面客观的评价。

三是优化课程考核方式。平时成绩占总成绩30%,包括出勤(占总成绩10%)、平时作业(占总成绩10%)、线上资源学习和互动(占总成绩10%);期末成绩占总成绩70%,包括设计报告(占总成绩20%)、期末作品(占总成绩50%)。在考核过程中,应充分考虑学生作业态度、完成情况及作品创意性等。布置平时作业时,可结合重点和难点进行针对性练习。评价平时作业可采取学生自评和教师评价相结合的方式,评价指标包括作品完成度、精准度、创新性、视觉美观性、格式规范性等。期末考试作业要求学生以小组为单位完成交互作品、创意设计报告,考核学生团队协同能力、创新能力等。考核指标包括选题意义、创新设计、需求分析等。小组进行作品汇报。

四是知识技能提升与价值引领并举。教学中应避免过于注重知识技能传授而忽视意义建构和意义表达、思政教育。在提升知识技能的同时,注重价值引领。保持前瞻性,研究国内外翻转课堂先进经验和模式,因材施教,更好地实施翻转课堂教学模式。在价值引领上,教师应准确把握课程目标,突出专业特色,利用先进技术传播先进文化。引导学生关注社会、热爱生活,将专业设计与文化元素相结合。在教学中有效融入育人元素,将德育贯穿始终,着重培养学生在人工智能发展态势下的能力。

总之,翻转课堂和高校英语课程思政仍处于探索阶段,面临挑战。交互设计课程需结合学生特点和国情进行翻转课堂教学,深度挖掘课程思政元素。这要求高校英语教师转变教育理念,提高自身专业能力与实践能力。在翻转课堂理念指导下,教师和学生都需做好准备,灵活运用网络教育平台,对新知识进行深入学习,在线下课堂积极互动。同时,教师应充分挖掘交互设计课程中的思政元素,以学生为主体,提升学生思政素养,落实"立德树人"根本任务。

参考文献

[1] 曹海霞.互联网教育背景下大学英语教学体系的反思与重建[M].长春：吉林大学出版社，2020.

[2] 丽娜.大数据驱动下的大学英语教学革新与探索[M].长春：吉林人民出版社，2021.

[3] 张迎春."互联网+"背景下高校英语教学创新研究[M].北京：中国原子能出版传媒有限公司，2021.

[4] 康洁平.信息化背景下高校英语混合式教学模式探索与应用[M].北京：中国书籍出版社，2021.

[5] 孙博."互联网+教育"视阈下大学英语教学的路径选择与构建[M].长春：吉林科学技术出版社，2020.

[6] 王峥，王佩.高校英语教育模式创新研究[M].北京：北京工业大学出版社，2019.

[7] 黄燕鹏."互联网+"背景下大学英语教学体系的反思与重建[M].成都：电子科技大学出版社，2018.

[8] 杜羽洁，史红霞.高校英语教学模式创新与发展研究[M].北京：北京工业大学出版社，2019.

[9] 张金焕.高校英语教学设计优化与模式改革研究[M].长春：吉林人民出版社，2020.

[10] 袁园.信息化背景下的大学英语教学改革研究[M].哈尔滨：哈尔滨出版社，2023.

[11] 靳成达.信息化环境下人工智能在大学英语教学中的应用研究[J].长春师范大学学报，2022，41（7）：163-165.

[12] 简丽丽.人工智能技术应用于大学英语教学的可行性分析[J].现代英语，2021，（10）：29-31.

[13] 丁吉娅.教育信息化视域下人工智能与高校英语教学的融合发展[J].教育信息化论坛，2023（9）：3-5.

[14] 张蕾.人工智能技术促进大学英语教学变革研究[J].现代英语，2021（1）：40-42.

[15] 冯志菲，夏婧.基于人工智能技术的大学英语学习App功能研究[J].现代英语，2020（7）：103-105.

[16] 黄孜隽.深度学习视域下的大学生英语学习现状、问题及对策[J].南昌师范学院学报，2023，44（1）：119-123+140.

[17] 杨智骏,韩宇.大学生英语移动学习的困境与对策研究 [J].产业与科技论坛,2022,21（22）:182-184.

[18] 曾润婷.高校英语教学中翻转课堂的运用 [J].校园英语,2023,（35）:64-66.

[19] 丁冠郦.任务教学法在高校英语教学中的运用研究 [J].科教导刊,2023,（04）:47-49.

[20] 朱海博.数字赋能应用型高校大学英语教学模式研究 [J].校园英语,2023,（37）:58-60.

[21] 邢琼月.基于产出导向法的大学英语线上线下混合教学模式探究 [J].校园英语,2022,（21）:46-48.

[22] 朱俊梵.项目教学法在高校英语教育中的模式研究 [J].海外英语,2021,（12）:190-191.

[23] 薛耀琴,王荣斌.5G 赋能下的高校英语写作系列课程改革新路径探索 [J].西安电子科技大学学报(社会科学版),2020,30（1）:97-103.

[24] 苗琳娜.数据赋能与智能融入导向下高校英语翻译课程教学改革创新研究 [J].现代英语,2023（4）:111-114.

[25] 何晓惠.数字赋能背景下高校英语创新育人模式的实践探索 [J].校园英语,2023（44）:64-66.

[26] 赵海龙,郭晶,董本宽.基于人工智能的大学英语混合教学实践与研究 [J].黑龙江教师发展学院学报,2022,41（7）:148-150.

[27] 莫丽娅.人工智能背景下高校英语教学模式构建研究 [J].校园英语,2020（43）:48-49.

[28] 孙圣勇.智能化英语教学研究的热点分析 [J].现代英语,2020（9）:69-71.

[29] 林晓玲.基于大数据人工智能的高校英语教师专业发展研究 [J].江西电力职业技术学院学报,2023,36（7）:94-96.

[30] 魏笑梅.智慧学习环境下高校英语教师胜任力的提升 [J].湖北开放职业学院学报,2023,36（15）:162-164.

[31] 邹德平.人工智能背景下本科英语生态教学系统构建策略 [J].长春师范大学学报,2021,40（5）:169-172.

[32] 陈筱婧.基于 ESP 的高校英语教学模式探讨 [J].海外英语,2023,（21）:87-89.

[33] 牛艳敏.EGP 与 ESP 教学整合新模式在高校英语教学中的应用 [J]. 新课程研究,2023（21）：39-41.

[34] 李攀科.信息化背景下大学英语教学专业化授课模式探析 [J].英语广场,2020（3）：84-85.

[35] 陕晋芬.探索高校英语课程思政教学模式 [J].黑龙江教育（高教研究与评估),2023,（9）：86-89.

[36] 陈明辉,黄峥峥.英语口语机考对教学的反拨作用——以海南师范大学为例 [J].南昌教育学院学报,2013（4）：143-144.

[37] 陈明辉,中英茶文化背景下英语跨文化教学研究 [J].福建茶叶,2019,41（04）：177-178.

[38] 陈明辉,牟瑛.“一带一路”战略下海南高校外语人才培养策略研究 [J].湖北函授大学学报,2017（18）：21-24.

[39] 陈坚林.大数据时代的慕课与外语教学研究——挑战与机遇 [J].外语电化教学,2015（1）：3-8.

[40] 陈坚林,张迪.外语信息资源的整合与优化建设——一项基于部分高校信息资源建设的调查研究 [J].外语学刊,2014（5）：95-100.

[41] 戴炜栋,王雪梅.对经济全球化背景下我国外语教育规划的再思 [J].中国外语,2011（2）：4-11.

[42] 胡杰辉,伍忠杰.基于 MOOC 的大学英语翻转课堂教学模式研究 [J].外语电化教学,2014（6）：40-45.

[43] 胡文仲.新中国六十年外语教育的成就与缺失 [J].外语教学与研究,2009,41（3）：163-169.

[44] 王守仁.坚持科学的大学英语教学改革观 [J].外语界,2013（6）：9-13.

[45] 祝智庭,贺斌.智慧教育：教育信息化的新境界 [J].电化教育研究,2012（12）：9.

[46] 华璐璐.人工智能促进教学变革研究 [D].徐州：江苏师范大学,2018.

[47] 杜忠贤.人工智能时代的教学变革研究 [D].哈尔滨：哈尔滨师范大学,2020.

[48] Baldauf Jr, R.B. Rearticulating the case for micro language planning in a language ecology context[J].*Current Issues in Language Planning*,2006（7）：147-170.

[49]Cremers, P.H.M., &Valkenburg, M.Teaching and learning about communities of practice in higher education[J].*Communities of Practice*,2008（1）: 333–354.

[50] Culp, K.M., Honey, M., &Mandinach, E.A retrospective on twenty years of education technology policy[J].*Journal of Educational Computing Research*, 2005（32）: 279–307.

[51] Hedayati, M.&Foomani, E.M.Learning Style and Task Performance In Synchronous Computer–Mediated Communication: A case study of Iranian EFL learners[J].*Educational Technology & Society*,2015（18）: 344–356.